MEDIO CRIDADE

Antologia
Poética

LARANJA ● ORIGINAL

MEDIO

CRIDADE

Organização
Rosana Piccolo
Rubens Jardim

1ª EDIÇÃO

SÃO PAULO - 2019

FELICIDADE POSTIÇA

Conforto. Bem-estar. Comodidade. Consumo e ostentação. A cultura utilitária. Acima do passado, a novidade. Em vez do luto, a herança.

Valores não raro determinantes de atitudes e/ou traços de caráter típicos daquele que os adota, a saber, o pragmatismo, a hipocrisia, a atitude interesseira, a bajulação, a conveniência acima de todo princípio e a intolerância ao estranho e incompatível com esse mundo.

Valores e comportamento dignos de inúmeras abordagens. Sobre todas dança o poeta, proposital ou inconscientemente, amalgamando perspectivas históricas, psicológicas, sociológicas etc., muitas vezes num único poema, numa única estrofe, num único verso. Ou não. Porque a poesia tem seus meios. Sobretudo ao retratar a realidade concreta: o olhar intuitivo, orientado pela sensibilidade e emoção peculiares de cada poeta.

Dispensável delongar-se sobre a pluralidade de estilos que o leitor encontrará a seguir. O lirismo convive com a sátira, a ironia sutilíssima justapõe-se ao tom irascível como o ardor à fleuma. Ora com ênfase nos valores morais mencionados, ora em suas consequências para a sociedade atual, esta antologia convida a pensar sobre a questão do ponto de vista poético. Outro mérito possível seria reunir escritos sobre o tema até então pulverizados nas obras dos 35 participantes.

Igualmente dispensável mencionar a injustiça presente em toda antologia. Não fugimos à regra. Que sirva de razão para que surjam outras. E outras.

Boa leitura!

Rosana Piccolo

SUMÁRIO

AIRTON BAPTISTA

Paulistano e consultor de empresas, mantém um blog com textos poéticos sobre o cotidiano, no qual usa imagens exclusivas do fotógrafo Cláudio Louro, do Rio de Janeiro. Autor do livro *Portas, anjos, balaios e amor sem fim* (Scortecci).

O pedinte parado

Porque meu irmão quis.
Assim me fiz.
Para ser fotografado.
Para servir de exemplo.
Mas nada sabes de meu pensamento.
Viajo sozinho. Cá parado.
Para alguns sou um tarado,
Para outros um largado.
Sou apenas o teu andrajo,
Resultado de tua consciência.
Por isso sirvo de exemplo.
Nada sabes dos meus caminhos.
Hoje me vês, amanhã desapareço.
Apenas mudo de endereço.
Moro na tua culpa.
E tua culpa anda muito. Pareço um adereço.
Figura fixada na tua mente.
Nem sempre fui assim.
Já estive pior.
Lembro-me de quando eu era normal.
Lembro-me de todo o mal.
Carregava tudo em meu mapa astral.
Hoje não. Hoje sou feliz.
Tinha mais raiz fincada que a seringueira da praça.
Cada passo meu era um inferno.
Aquele terno sufocante, a aparência de nada.
Hoje não. Hoje pairo. Saio do chão.
Por vezes tenho vertigem. Mas é a fome.
Mas já estive pior. Quando era apenas um nome.
Hoje não. Sou como alguns.
Viajo sozinho. Cá parado.
Uns se espantam. Sou espelho.
Teu medo se mostra em mim.
Amanhã desapareço. Apenas mudo de endereço.
Mas continuarei em ti. Como um adereço.

Cópula e cúpula

O mundo é uma cópula
Onde os homens criam cúpulas.
Vivem nas bolhas e nas rolhas.
Fazem tipos astronautas, cultos, magnatas.
Mas sobrevivem nas bordas.
Sustentados pelas cordas
Que movem as marionetes.
Telhados de zinco cancerígeno,
Abafam as ilusões.
Jardins de inverno nas lajes.
Ultrajes, chantagens, mendigagem,
Um comer de lambaris fritos,
Poucos fonemas conexos ditos,
E a presunção utópica de se pensar
No caviar russo, mesmo de bruços,
Enquanto o bolso e a cultura andam ruços.
O mundo é uma cópula
Onde os homens criam cúpulas.
Mas na orgia do dia a dia
Estão sempre de quatro
Aguardando o que lhes enfiam.
O homem é o cão do homem.

Tanto a temer

Tanto a mudar.
Tirar o índio de lugar.
Recolocar o negro.
Gente a se amontoar.
Retirar brilhos do olhar.
Sorrir sardonicamente.
O mal se torna solução.
Oferecer a ilusão.
Prender sonhos.
Amealhar a terra.
Enquadrar a esfera.
Esconder mendigos.

Transgênico apenas o trigo.
Dividir apenas entre si.
E a poesia a ruir.
Cortaram o dedo em riste do mestre.
Tanto a mudar.
Empilhar o índio.
Criar o ímpio.
Sobressair o Deus fictício.
E em nome disso, sorver do outro.
Depois, recolocar na caverna.
O passado nos espera.

Piedade, Redentor

Sei que faltou o Redentor.
Ato contínuo e doloroso.
O opressor esmaga e vai empurrando.
Gavetas, pombais, pavoroso lumiar.
Um dia a mais. Nada mais.
Alvenaria sem acabamento,
Um novo rebento,
Um lamento.
Abandono.
Mover.
Lava de gente.
Dormitório quente.
Gente decente.
Vulcão solidário.
Sei que deixei o Redentor.
Não cabe na causa.
Deu as costas para a periferia.
Olha o mar e a burguesia.
Talvez proteja essa gente
Colocando-a atrás de si.
E com seus braços abertos
Impede que maltratem ainda mais
As pessoas dos pombais.
Talvez eu não entenda a sua Piedade.
Piedade, Redentor. Piedade.

ASTRID CABRAL

Nasceu e cresceu em Manaus, onde em 1956 integrou o movimento de renovação artística Clube da Madrugada. Embora tenha vivido em outras cidades do Brasil e do exterior, a presença da natureza amazônica desponta em toda a sua numerosa obra em verso e prosa. Representou o Brasil num congresso de ecoliteratura da Americas Society em Nova York. Sua produção é marcada por telurismo e crítica social.

Muralha

Agressiva e fria
a vitrine cintila
safiras na moldura
da injusta platina
e do impuro ouro.
Até que o punho
do homem com fome
em riste esmurra.
O vidro sendo vidro
se esfrangalha.
O sangue sendo sangue
escorre e coalha.
Mas a muralha, vejam!
continua intacta.

Mac mundo

Pelas esquinas e estradas
brotam do império tentáculos
em mac mesas e balcões
de comida programada.

Vestindo uniforme certo
carboidratos e proteínas
embalados em pacotes
de dobras formas medidas.
Fritas feitas pelos cortes
de exatas facas elétricas.

Ali mac bocas mastigam
o mac pão em padrão fixo
de militares fatias.
Ali as mac bocas falam
marshmallows burgers nuggets
pedem cokes gatorades
cantarolam happy birthdays
entre donald ducks e mickeys

Pragmáticas matemáticas
e aboliu-se o artesanal
as mínimas variações:
cor calor sabor e peso
mais preços fixos previstos
na regra das estratégias
e dos mercantis ardis.

Mãos metálicas nas fábricas
da indústria da fome abolem
as mil imprevisões do homem
e regalam à massa anônima
a anestesiadas papilas
o produto sem magia
fruto de pressa e rotina.

E as bocas outrora bárbaras
sentem-se civilizadas
com o fim de canibais
reles hábitos ancestrais:
não mais peles tripas línguas
orelhas joelhos coxinhas.
Sim, julgam-se promovidas
visceralmente engolidas
nas goelas do mac mundo.

Neocapitalista

Em troca da vida
e em vassalagem ao corpo
vendeu a alma ao diabo.
Logo se justificou:
alma não paga aluguel
imposto nem condomínio.
Sequer de comida
roupa ou remédio carece.
E aqui nesta terra
grátis, só mesmo prece.

Arquipélago no cyber café

O bailado de dedos em teclados
trinca de leve o silêncio da sala.
No mais, nem vozes ou sussurros sequer.
Faces avulsas miram embevecidas
as coloridas janelas quadradas.
Cada qual em segundos logo zarpa
em invisível solitário barco
atravessando países do mundo.
Ágeis mensagens viajam paisagens.
Palavras e imagens cruzam desertos
urbes montanhas vales bosques mares.
Em assentos vizinhos, cada qual
de sua ilha lança etéreas pontes
a distantes paragens e criaturas.
Mas ninguém percebe as que estão
ali ao alcance das mãos.

BETH BRAIT ALVIM

Nasceu em São Paulo nos anos 1950 e tem poemas, artigos e contos publicados em livros, sites, revistas. É mestre pelo Prolam/USP. <www.bethbraitalvim.blogspot.com>

rapina e cupim

três gaviões pousaram sobre minha cabeça
bicaram meu couro com afinco
e mesmo que eu lutasse até desfalecer

o veneno deles soterrou
minhas veias

na calada da noite
com histeria contida
nos tímpanos inúteis dos que se dizem de bem

não sou aquela que suporta o terror
não tenho mais a ânsia de construir uma cidade
minha garganta se fere
à toa

basta um mínimo desconcerto

assim eu caminho trêmula com minha bandeira em farrapos
o esgar de uma nação extermina o maior formigueiro do mundo

ó pobre Xingu

corações corroídos por cupins

ó mártires que tropeçam
nos meus amanheceres

a tortura volta e volta
inacreditavelmente
Inacreditavelmente

o mal que está aqui

que tempos estes cujo vômito não se limpa
nem a secura das notícias
tempos do sonho
soterrado

a falta de armas em nossas mãos

é asco engasgado
fotos de amigos desaparecidos
que deixei amarelar

hoje são traças

o mofo da morte não se limpa
o estertor nos ouvidos nas portas cerradas
e a voz rouca da antiga
palavra de ordem
desmaia enlouquecida

hoje os mortos
são bonecos de palha
e outro sarcasmo massacra

já não trago cabelos ao vento
só meus dedos azuis tortos

e esta baba grossa
amarga
que bloqueia
minha garganta
não vou digerir
o mal
que está
aqui

dentro da noite escura

meus pés derretem na lama
do sarcasmo reinante
onde estão os lacaios e sua bandeira
do horror
ébrios demais
para perceberem que essa mesma
bandeira era a mortalha
anunciada de um
país continente
o que dizer quando não se tem mais
vinte anos
embora o coração a alma e o
o sangue saltitem em campos e oceanos
como um índio antes da devastação de sua tribo
de sua casta
do seu clã
e ainda contem histórias de uma terra
majestosa e persistente
o corpo range os poucos dentes
a carcaça treme mal suportada pelos
ossos duros
doloridos
e as retinas me impõem
uma cegueira bem-vinda
posto o fim que me corrói
ser a certeza de que nada menos ruim
me será concedido
Nem que eu volte no tempo
E acredite numa utopia
ainda

CARLOS FELIPE MOISÉS

Poeta nascido em São Paulo, em 1942, onde faleceu em 2017. Seus últimos livros: *Lição de casa, Noite nula, Disjecta membra* e *Dádiva devolvida*. Como crítico literário publicou, entre outros: *O desconcerto do mundo, Almoxarifado de mitos, Poesia & utopia*. Traduziu Sartre (*Que é a literatura?*), Joseph Campbell (*O poder do mito*), Marshall Berman (*Tudo o que é sólido desmancha no ar*) etc.

Fábula zen
ou
Un coup d'état jamais n'abolira le hasard

- É preciso ser bom
para estar com eles
ou é preciso estar com eles
para ser bom?
O primeiro discípulo emudeceu
o segundo cerrou os olhos
o terceiro o quarto etc. etc.
O penúltimo indagou:
- É preciso estar com eles
para ser bom
ou é preciso ser bom
para estar com eles?
O último tomou da rutilante espada
decepou a cabeça do mestre
a cabeça do penúltimo etc. etc.
e reiniciou
a interrompida meditação.

Marca registrada

Volkswagen?
Fogo selvagem
General Electric?
Fé geral na ética
Blaupunkt?
Bela puta que te
Chanel? Dior?
Chinelo pior
Loção Revlon?
Revolução.

Os cativos de Marília bela

Tu não verás, Marília, cem cativos.
Verás muito mais
cem mil
cem milhões.
Ah, Marília! Doce mar de maravilha!
A Pátria está salva? A luta foi ganha?
Não sei por que te assanhas
se me perco em tuas ondas,
não sei por que perguntas
se não queres que eu responda.
Nesta hora de sol puro, Marília bela
(palmas paradas
pedras polidas
claridades
faíscas
cintilações),
o poeta ouvia o canto enorme do País.
Já eu me esforço por ouvir alguma coisa
mas não ouço nada, salvo
o mesmo de sempre ruído infame
dos que sugam da terra quanto podem
e que o resto se dane.

O resto
(graças, Marília bela,
graças a qual estrela?)
ainda não se danou de vez
mas um dia acaba mesmo danado
e suja o sol
e bota as palmas pra mexer
ou faz muito pior, como (ponhamos)
cantar um novo canto
enorme
mas por enquanto
tudo dorme.

On the road

Fazer xixi no acostamento, cocô
no capô do carro estacionado
ao lado, passar pelo pedágio
sem pagar, acenar adeus ao guarda
e pedir a Deus (penhasco pedregulhos
sombras & alguma esperança)
que o mundo todo se dane.
FIM DO TRECHO
SOB JURISDIÇÃO
FEDERAL
Ninguém vai proibir?
Alguém vai notar?

Sem eira nem beira

assim como quem diz :
sem pé nem cabeça
não sabe onde começa
nem onde termina
não sabe aonde ir
mas vai
rola
saltita
se arrasta
não se distingue de ninguém mais :
pés e cabeças alheios
sem uso
irmanados
no despenhadeiro comum
sem poeira nem beira-mágua
só a lembrança de uns olhos
rasos d'água
a rolar
a saltitar
a se arrastar
: todos iguais.

CELSO DE ALENCAR

Poeta paraense, radicado em São Paulo desde 1972. Sobre Celso de Alencar, o cineasta Carlos Reichenbach sintetiza: "Celso de Alencar é, sem nenhum exagero, um dos maiores poetas brasileiros em atividade. Sua poesia blasfema e despudorada é da estirpe de Pasolini, Rimbaud, Lautréamont, Sousândrade e todos os nossos malditos maiores". É autor de *Salve salve, O primeiro inferno e outros poemas, Testamentos, Poemas perversos, O coração dos outros.*

7*

Quem poderá me destruir
mais que os fiscais da prefeitura?
Que taxa de conservação municipal
é essa, exorbitante, perversa,
paga por mim com
cédulas do estrangeiro
sem comprovação
do recebimento
e sem carimbo
de órgão público?

Por que permitimos que
esses larápios sejam convertidos
em servidores públicos
servidores do povo
quando nada mais são
que achacadores
egressos do inferno?

Alimentam-se do que
esses ímprobos
além das subtrações violentas?
Onde colocam seus
olhos de lince
quando seus filhos
ou amantes
observam-lhes os rostos?

E mortos,
quem lhes prestará honras
com flores em seus túmulos
e salvas de palmas e discursos
afora os seus comparsas?

11

Um homem
teve dez filhos.

Cada vez que
um nascia
dizia ele:
é a vontade
de Deus.

Deus os protege
e os alimenta.

Dos dez
nos dois primeiros
anos de vida
seis morreram de fome.

12

Na minha rua
ou melhor na calçada
da minha rua
vivia um homem
que me parecia
mais bicho
do que indigente.
Talvez
um cachorro sujo
ou um porco.

Após tantas queixas
dos meus vizinhos
domingo quando
ele ainda dormia
surgiu um carro
branco da prefeitura
e o levou não se
sabe para onde.

13

As mulheres que varrem
as ruas da cidade
não têm direito
a vale-refeição.
Nos seus bornais
carregam escovas de cabelo
absorventes sem abas e
com uma só camada
de proteção, passes de ônibus
ou de trem, espelhos e batons
além de suas marmitas
miseráveis e frias.

* Poemas extraídos do livro *Testamentos/Livro Obsceno*, 2003.

CESAR CARVALHO

Sociólogo e historiador, o escritor e poeta lançou a edição independente *Proesia*, em 2013, e *Viagem ao mundo alternativo: a contracultura nos anos 80*, pela Editora Unesp, em 2008. De 2010 a 2014 roteirizou e dirigiu o programa Estação Raul, veiculado pela Rádio UEL FM 107,9 de Londrina/PR, dando origem ao seu livro *Toca Raul* e ao CD Conversas na Estação. É colaborador da revista eletrônica Balaio de Notícias <http://www.balaiodenoticias.com.br> e, semanalmente, publica contos na coluna Pequenas Mentiras, do portal Siga Mais <http://www.sigamais.com/>.

Apego

casa carro consumo
deus diversão dor dinheiro
fama
glória gula glutão
joias lauto luxúria
moral mulher me destrói mágoa
ostentação ouro de tolo o que me alimenta
propriedade poder perguntas frequentes
riqueza
status
vaidade
onde está a felicidade?

diva

meu investimento   otnemitsevni uem
meu dinheiro   oiehnid uem
meu espelho   ohlepse uem
meu cabelo   olebac uem
meu carro   orrac uem
meu amor   roma uem
meu tênis   sinêt uem
meu rosto   otsor uem
meu ódio   oidó uem
meu tudo   odut uem
meu   uem
meu   uem
meu   uem
m   m
me   em
men   nem
meno   onem
menos   sonem
vida

FELICIDADE

A M A
B L E Z A
U X U R I A
V A D A D E
N A R I S O
G L Ó R A
P O E R
S T T U S
I N H E I R O
M U L H R

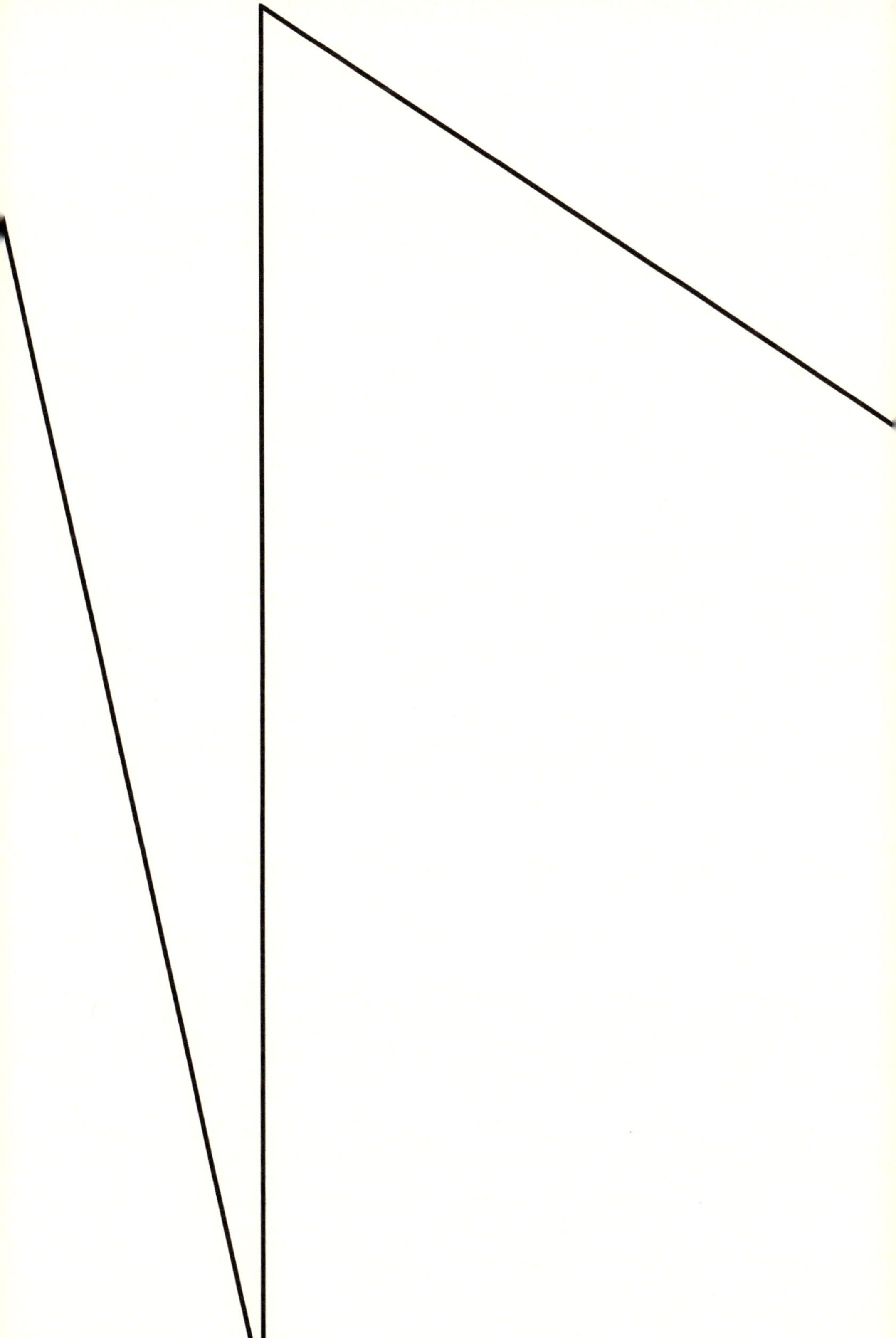

CLAUDINEI VIEIRA

Autor de *Desconcerto* (contos, selo Demônio Negro), *Yũrei, Caberê* (poesia, Patuá), *Olá, pequeno monstro do dia* (poesia, Benfazeja), além de participante em várias antologias de contos e poesia. Organizador dos Desconcertos de Poesia, em São Paulo.

a felicidade dos nossos homens de bem

os homens de bem deste país
estão felizes, estão contentes
suas bandeiras limpinhas
cobrem os corpos estendidos
e as manchas de sangue;
seus carros desbicicletados
passam por cima dos corpos estendidos
e das inoportunas manchas de sangue;
suas geladeirinhas cheinhas
repletas de corpos fresquinhos
e sucos de sangue natural desidratado
os homens e as mulheres de bem deste país
aspiram o ar poluído, deliciados,
aspiram às roupas formatadas, empinados,
aspiram a cargos (de longe)
nem assalariados
já aspiram, já são quase quase ricos
(de longe) já são quase quase elite
(de longe) já são quase (aff) poderosos
(nem percebem o quão longe)
mas estão contentes, estão felizes
são os homens de bem deste país
e pensam que valem alguma coisa...
chutam seu mendigo preferido a cada dia
esmurram sua mulher preferida a cada dia
estupram sua mulher perdida a cada dia
estouram seu negro favelado pobre a cada dia
torturam seu menino negro favelado a cada dia
torturam sua criança estudante militante a cada dia
reclamam do seu pagamento de urina desfiada
a cada santo dia
estão felizes, estão contentes,
estes nossos queridos homens de bem
que pensam, realmente pensam,
que valem alguma coisa

O chiado dos ratos que se imaginam reis

se consideram os Reis da Montanha
sabem quanto os banqueiros lucraram último ano?
sabem quanto desse lucro foi do seu bolso?
sabem quando vão parar de ter lucro
e de roubar do seu bolso?
e, sim, se consideram os Reis da Montanha
observam os policiais militares policiando militarmente
e bater em crianças, professores, gente passante,
observam os psicopatas uniformizados
massacrarem crianças, professores, gente passante,
favelas, quebradas, gente desimportante,
e pensam, realmente pensam, que policiais militares
estão ali para lhes servir
gritam loas, vivas, batam mais, batam sempre,
e pensam que policiais militares
estão ali para lhes servir
ou tirar selfies
se consideram Reis da Montanha
e pensam estar no nível, no mesmo nível,
estão à espera de receber
tapinhas nas costas
gentis tapinhas nas costas
de banqueiros
ou dos seus cães de guarda
mas quando as botas dos cães
arrancarem guinchos de sua ratazana condição
quando os bolsos secarem e mais secarem
e criarem chagas e chagas de sua ratazana condição
quando seus próprios filhos e filhos
encararem seu futuro desreizados
quando seus espelhos retorcidos
finalmente quebrarem
quem haverá de ouvir ou se importar ou se lembrar
de seus guinchos afiados, medrosos,
de sua verdadeira ratazana condição?

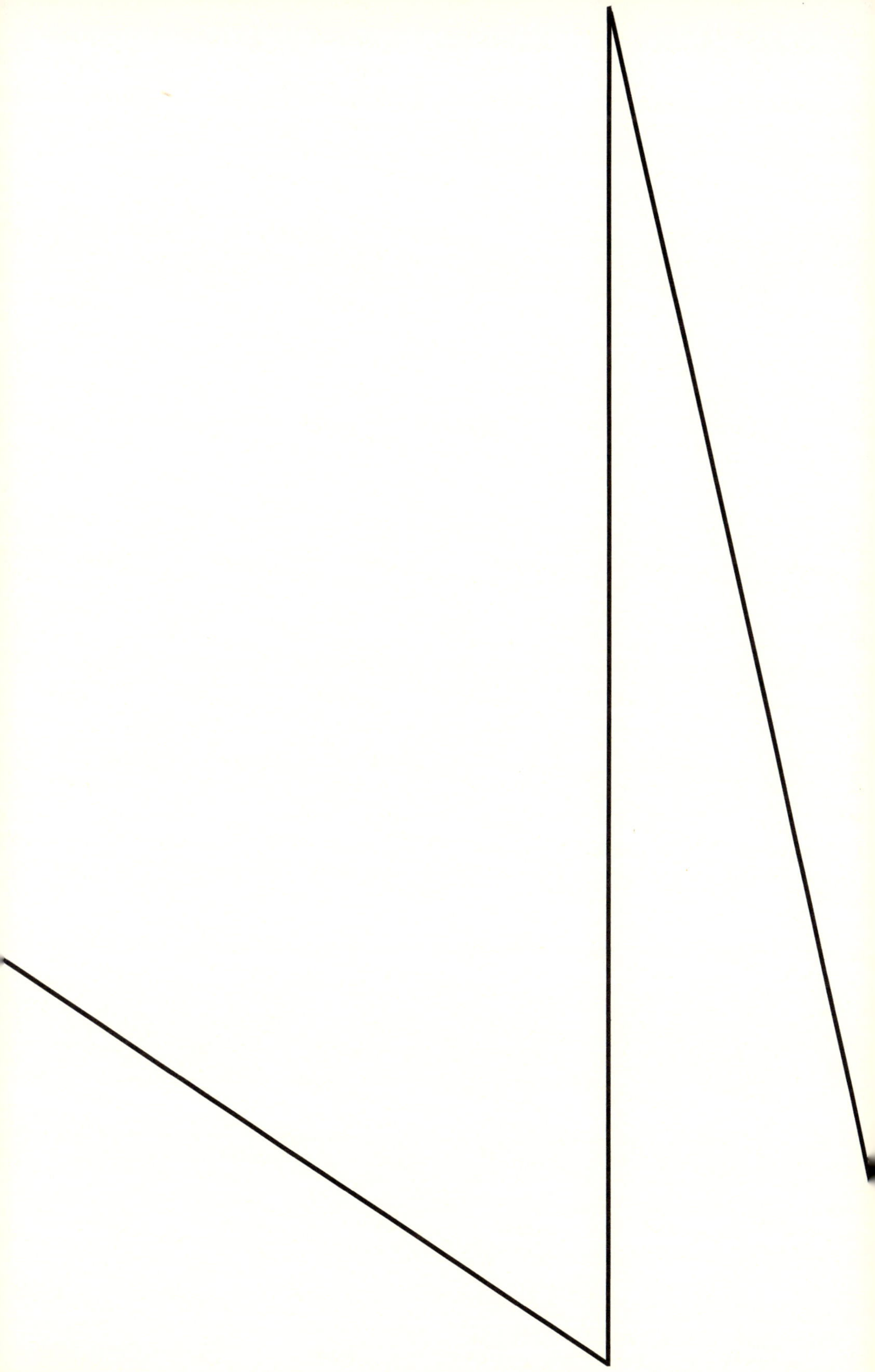

CLAUDIO DANIEL

Poeta, tradutor e ensaísta. Doutor em Literatura Portuguesa pela Universidade de São Paulo, publicou, entre outros livros de poesia, *Figuras metálicas*, *Fera bifronte*, *Cores para cegos* e *Cadernos bestiais*.

Hino ao homem de bem

O Homem de Bem coleciona esculturas
em dentes de leão-
marinho:
formas de antílopes
flamingos
lêmures intermitentes
plantas
que não se parecem
com nada
caligrafias pintadas
em minúsculas
folhas
por uma tribo imaginária
fósseis esqueletos
de caranguejos
entre patuás
açafates
e uma onça empalhada
da Costa do Marfim
para olhos que não veem para olhos
que não ouvem para olhos
como estrelas
decrépitas.
O Homem de Bem
participa de marchas fascistas
pela volta da ditadura
militar
e oculta seu ódio
em espátulas de marfim.

Hino ao médico

Para Sebastião Uchoa Leite

Cara-de-batráquio em elegantíssimo paletó grená
olhos vítreos de licantropo lituano
Doutor Amphibia
exibe ao visitante
sua clínica geriátrica:
poltronas provençais
em tons de lápis-lazúli
cortinas de cetim tabaco chamousse
e mobiliário colonial
em jacarandá vermelho
mesas e cadeiras torneadas
com esbranquiçados detalhes em prata
no mais fino estilo
manuelino.
Sobre a cômoda indiana
taças de *darjeeling*
e um cesto com revistas de viagens
para a sua incauta
clientela:
aposentados viúvas
pensionistas.
Após cada brevíssima
consulta, Doutor Amphibia
distribui envelopes
com drogas experimentais
a suas idosas cobaias.
Secretária de cabeleira leonina
agenda a data do retorno
após pintar as unhas
dos delicados pés.
Minuciosos relatórios
serão enviados por fax
aos laboratórios internacionais
para o desenvolvimento
de novos produtos.

Hino ao predicante

Putinhas-de-cristo vestem roupas de couro dark
e argolas de prata
nos mamilos.
Flores brancas
vitrais arqueados
massa sonora
de fêmures
cantantes.
Piolho metafísico
esbraveja
palavras-morteiros.
Colérico invoca
sua hórrida deidade:
— El Shaddai
flagelador
de sodomitas
— El Elyon
violador
de feministas
— Mikadiskim
degolador
de macumbeiros.
Após o teatro
teratológico
o dízimo é recolhido
para a glória
do Inefável
Tetragrama.
Compras na lojinha
do sacro tabernáculo:
Bolsinhas Bereshit.
Sapatos Menorá.
Perfume Havdalá.
Gargantilhas Shemá Israel Eloheinu.

Hino ao gargalhante

Outro entredentes degusta
— Andrei Vozniessiênski[1]

Bocarras degustam lascas
brancovermelhas
do esquelético
monstro marinho
degustam e gargalham
emplumadas
lagartixas
com luxuosíssimas
gravatas italianas
degustam e gargalham
descerebrados
trepidantes
degustam e gargalham
entre as mais sérias
considerações
sobre o mercado
financeiro
e a crise da balança
cambial
degustam e gargalham
obesos magérrimos
manequins hipocondríacos
degustam e gargalham
entre goles
de vinho branco
intercalados
por arrotos
degustam e gargalham
com imensos pés
inchados
mergulhados
nas mais terríveis

1 Tradução: Haroldo de Campos (in *Poesia Russa Moderna*).

meias de seda preta
degustam e gargalham
hinos de babuínos
hinos monotemáticos
de babuínos
em altissonantes
gargalhadas nasais
gargalhadas fecais
de monocromáticos
monomaníacos símios.

Poemas publicados originalmente em Breviário da tragédia brasileira, in *Cadernos bestiais*, volume II (Bauru: Lumme Editor, 2015).

CLAUDIO LAUREATTI

Participa dos saraus paulistanos desde o final da década de 90. Durante o período de formação na FFLCH/USP em Letras, foi idealizador e produtor do Sarau da Cesta e, neste momento, promove uma cesta de poemas a cada mês, distribuída às pessoas presentes na Avenida Paulista, na ocupação poética "Sarau da Paulista", e no sarau "Praçarau, o sarau".

Para além dos muros

O problema não é mundo. São os muros
O problema não é seca. São as cercas
O problema é que o muro diz
algo deselegante do vizinho
Cansei de abrir muro na marreta
mas como pedir ao muro licença?
Os muros das casas são altos
para não deixar ninguém entrar
Os muros das prisões são altos
para não deixar ninguém sair
Muro baixo para quem está fora
Muro alto para quem está dentro
Murros não derrubam o invisível muro
se cada um se fechar em seu mundo

Do outro lado do muro
preso no apartamento com televisão
Do outro lado do morro
preso no engarrafamento do rádio
Do outro lado do mundo
prisão de muros e murmúrios para mim
Sonhei que posso passar spray
nas pedras dos muros das casas do mundo
No meio do muro tinha uma árvore
Ser muro onde o morro desabou grave
Gatos pulam dos muros altos dos outonos
Outras primaveras outras rosas outros donos
Prefiro ser ponte ser morro ser tudo
Ser nada cercado ser muro
onde moro onde esmurro onde rascunho palavras
no muro na grama na calçada

Manifesto para além dos saraus

A gente não quer só poesia

A gente quer terra comida habitação

A gente quer
a vida para o homem para a mulher
para o terceiro sexo no terceiro milênio

A gente quer causar incêndio
no coração da cidade
morro viela beco favela

A gente não quer só poesia
A gente quer parques e mais parques
Bicicletada
Casa de cultura na quebrada

A gente quer saúde educação universidade
pública de qualidade

A gente não quer só poesia

Fim da propriedade privada de José Lino Grunewald

forMarx
reforMarx
disforMarx
transforMarx
conforMarx
inforMarx
forMarx

DALILA TELES VERAS

Nasceu em Portugal em 1946, vive no Brasil desde a infância. Autora de inúmeros livros de poesia, os últimos deles: *Solidões da memória* (Dobra/Alpharrabio, 2015) e *Setenta – anos, poemas, leitores*, poemas escolhidos por 70 amigos para celebrar seus 70 anos (Alpharrabio, 2016). Publicou ainda dois livros de crônicas, dois diários literários e alguns ensaios. Desde 2009, mantém o blog À janela dos dias <http://dalilatelesveras.blogspot.com.br/>. Dirige a Alpharrabio Livraria e Editora, em Santo André/SP.

Bebês (poemeto *ready-made*)

Grávida, no elevador do shopping:
Fiz um exame de ultrassom, em 3D, para saber o sexo do meu bebê. É menino, mas estou tão preocupada! Acho que meu cachorrinho ficará com muito ciúme. Estava tão contente só com ele, mas agora apareceu esta gravidez...

Vida murada

Os muros estão subindo,
Sombrios,
Na medida exata do
Crescimento da violência.
As casas desaparecem, as pessoas se escondem
Atrás dos muros.
A cidade está com medo
Atrás dos muros.
E os muros crescem,
Sinistros.
O medo está crescendo
Atrás dos muros.
Medo do assalto
Medo do estupro
Medo dos atos de terror
De direita, de esquerda, de centro,
Medo de ter medo
Medo de... Viver!
E os muros crescem,
Cinzentos.

Da insaciável cobiça

Gloriae et virtutis invidia est comes
(provérbio latino)

Cobiço
Qualquer coisa
Desde que te prive
Desde que te despoje

Meus olhos na tua alegria
Roubam-te o riso
Saqueiam teu saber
E tudo que não tenho

Nem a mim serve
Este desejo só desejo
Basta-me que nada seja teu
(a felicidade apenas no alheio)

Escassez

Fita-nos o tempo.
Viva
a infância nos rememora.
Orides Fontela

A guerra finda
(Consumo escasso
Diversão escassa
Existir escasso)
Seus ecos na escassez

A escassez obrigava
:
o lápis usado até o toco
o caderno escrito até a última folha
meias cerzidas, a saia usada até puir
o sapato até furar a sola e

mais um pouco
o reforço interno com papelão
e, só então, a meia-sola
(meeiros até do que não havia)

a escassez fazia da espera
combustível
a festa era
o esperar a festa
(que tardava
tardava...)

Vestígios

Mas de tudo fica um pouco...
Carlos Drummond de Andrade

nas trovas esparramadas
nas agendas telefônicas
nos bilhetes apressados
:
a tua caligrafia
na memória das gavetas
nas revistas por abrir
no lugar vazio à mesa
:
imaterial presença
no casaco com teu cheiro
no chocolate abocanhado
no xampu pela metade
:
vestígios do que foi vida
irremediável ausência

DAVI KINSKI

É ator, produtor e cineasta. Participou do filme *Nome próprio*, que lhe rendeu a indicação de melhor ator no Festival de Gramado (2008). Em 2011 encenou seu primeiro monólogo, *Lixo e purpurina*, cumprindo uma temporada de grande êxito no Sesc Pompeia. Escreve poesia desde os 15 anos de idade. Lançou, no início de 2014, o seu primeiro livro de poemas, *Corpo partido* (Patuá), e é o idealizador e realizador do projeto Poemaria <www.poemaria.com.br>.

Em Wall Street

Soltei os freios
Do silêncio
E apalpei
Com os lábios
A artéria
Do tempo
Embrulhei
Pra viagem
O que
Restou
De mim
Quando notei
Estrada longa
Escorria
Pelas mãos
O destino
Sambando
Na cara
As irritações
Da infância
As labirintites
Por onde
A náusea
Do desejo
Fincou estacas
Criou edifícios
Altos
Sedutores
Interesseiros
Puro luxo
Para acabar
Despencando
Em desfiladeiro
Nossas bolsas
Massacradas
É arma
Radical
Ou um Deus

Chamado
Dinheiro?

....

O que move dentro de ti é seco
Áspero
Largo e de fino trato
Mas com cara de espanto
E anda
Por oceanos
Fúnebre, e aquele tanto...

Num canto dos olhos
Distante
Afogado de paraquedas
Saltos perdidos na rede

Malabaristas de ansiedade
Implorando respostas na esquina
Preciso de entrega na estação-cantante
Às 13h30; horário de almoço
Nessa cidade sem horizonte
Gavetas serenas
Sorrisos descartáveis
Moradias portáteis
Preciso de sua pele dentro daquela coisa áspera

Nessa cidade sem horizonte
Movendo-se dentro de nós
Todos-os-dias-repletos-urbanos
Brandos
Facadas de espanto no horário do rush

....

Eu me desfiz
Sempre
Na calada da noite
Do velho navio rompante
Em mar de sinos
Sem voz aveludada
Sem cigarros

Nas galerias com geladeiras
Vazias
Eu estou tão cansado
Como areia pisada
Na beira-mar de outra história
Molhada
Parte da cidade devora
Em outra hora, que não essa
Metade de abismo-história
Outrora seria bergamota
Chupada com gosto no campo
No inverno
No entanto, traduz o método e enamora
Eu estou tão cansado
Traduzir espinhos, fadiga
A cidade repara
Em metros-medíocres-malfeitos no chão
Eu já dizia que tanto faz quando limpei o retrovisor-madrugada
Refletir imprevistos
Varados de noites suadas
Eu estou tão cansado
Para me banhar em lodo
Longe do mar
Daqui
Perfeito arranho de trânsito-juízo
Logo ali na Alameda Santos:
Burgueses gritam roucos para se esvaziar.

DONNY CORREIA

Mestre e doutor em estética e história da arte pela USP e crítico de cinema. Também é escritor e poeta, tendo publicado, entre outros, *Corpocárcere* (2013), *Zero nas veias* (2015) e *Cinematographos de Guilherme de Almeida* (2016). Em 2013, tornou-se o primeiro brasileiro a ter um poema selecionado pela NASA para ser enviado a Marte a bordo da sonda MAVEN. Publica ensaios e resenhas em periódicos como O Estado de S.Paulo, Folha de S.Paulo e Psicologia em foco (PUC-PR). Também atua como professor de História e Linguagem do Cinema em instituições diversas como FMU, Academia Internacional de Cinema e Sesc.

Já não se faz horror como antigamente

Pobre menina / não tem ninguém.
(Leno e Lilian)

Os pobres bebês em 2010
não sangram seus pulsos
sorvendo Nirvana

O porre rebelde dos anos 90
ora é banal e vazio de volúpia

Soubessem o vácuo que habitam,
ó, jovens, pereçam no limbo
abstrato do sonho
vazio

Havia meu self /o falso/
sabido que nada sobra
e nada faria valer
mais que minhas
jovens rugas que viram
nascer os zumbis da era celular
/hoje, a disputa por quem atrapalha mais/

O ponto de fuga: cada brecha
em meio aos lixos juvenis
vagando na plataforma
sem ver pra onde mov(rr)em
o fim se faz lado

Todo ignóbil carrega latente
a palavra de ordem no protesto
urbano
jovem nihil
Bando de otários ingênuos
descolados /até de si/
Revoltos convictos
Máquinas mundanas
Bestas iludidas

Nada será que não houver
em pré-ensaio na prensa
do magno mundo
maior

Cresçam e chorem
E então terão
o maturo êxito
da desgraça que
somente os que aqui
cantarolam o fim
Gozam in extremis
o doce exílio
do próprio si

Quão bom é o zigoto
da sapiência de aqui...
Aqui onde sapiens
nada por ora nem nunca
nem tão

Por ora engulam
Spermbytes do sucesso
abstrato
enquanto o entorno sonhado
derrama da jarra natimorta
perecida no plano
em que nada nunca foi
e se algo for
já há repente em contra

Um tempo incognitivo
jaz em retrovoragem
de incauta culturva
O que seja deposta
do que, nato em seu sangue,
jorra a fuligem do nulo
num mundo regido por nada
que menos os teus

Nenhum presidente
ungiu, por mais empreendedor,
capital de tal pobreza
e esgoto em vida

/Vós estais mortos,
fetos inconcebíveis/

Vossos valores:
trocar seis
por meia musa,
um like
dois likes
três likes

I hate
/we too/
our
falso
selves

WHAT NEXT

APARTAMENTO CLASSE MÉDIA

Ao sinal de ação, o ator deve começar a destruir seu apartamento. É imperativo que seja seu próprio apartamento. Não importa quanto tempo leve ou quantas vezes a ação seja interrompida pelo interfone da portaria, a cena não deve parar e a câmera deve registrar tudo. Ao final da destruição, o ator deve sair até a rua, seguido sempre pela câmera, e começar a esmolar para refazer seu apartamento e pagar a multa condominal.

(Alternativamente, esta cena pode ser rodada com bitolas 8mm, 16mm ou 35mm, porém, com somente um rolo. Ao cabo do primeiro - e único, neste caso, obrigatoriamente - corte, a cena será abruptamente interrompida, criando-se a camada de suspensão do plano diegético. Naturalmente, a ação não deve parar, ainda que a bobina tenha terminado.)

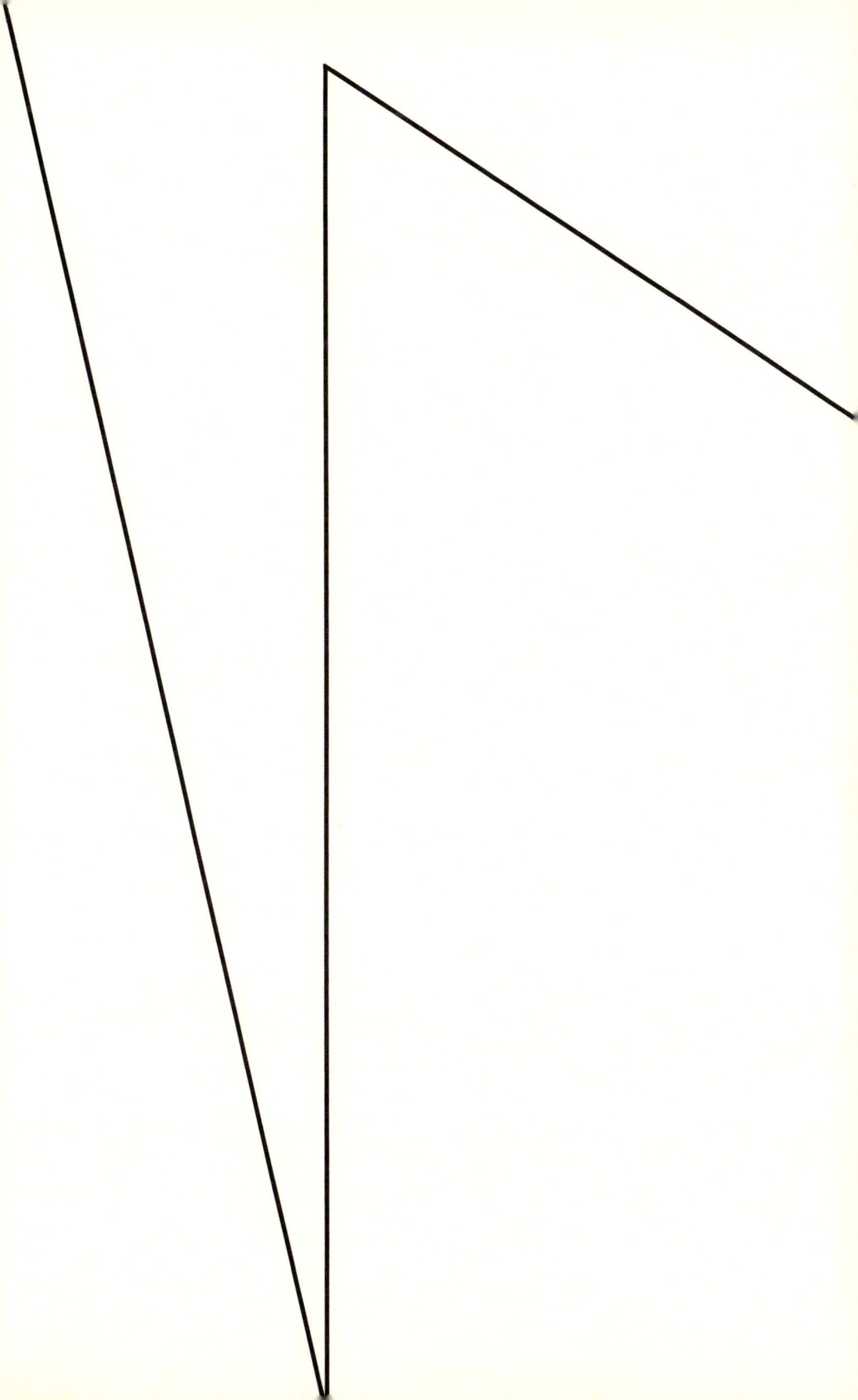

EDSON CRUZ

De Ilhéus/BA, é poeta e editor do site Musa Rara <www.musarara.com.br>. Graduado em Letras pela USP, publicou quatro livros de poemas e uma adaptação literária. *O canto verde das maritacas*, (Patuá, 2016), é seu livro mais recente. O anterior, *Ilhéu*, (Patuá, 2013), foi semifinalista do Prêmio Portugal Telecom de 2014. sonartes@gmail.com

Competência

Não sei falar inglês
nem o dialeto ancestral
banto.

Me vingo toda noite
Sonhando
em esperanto.

Bibliotecas

A biblioteca do pai de Borges
foi o fato capital de sua vida.
Ele nunca saiu dela, disse.

Em minha casa nunca tive
livros.
O fato capital de minha vida
é não ter tido pai.

Minha mãe foi minha biblioteca.
Ensinou-me tudo.
Nunca saí dela.
Era analfabeta e deveria
ter se chamado Alexandria.

Niké

entre o zênite e o nadir
posto-me aqui sem nada
apenas com um tênis Nike
vaidoso como um faquir.

Salfullah Al-Ansari

era o nome da bomba.
um adolescente.
quase homem, quase gente.
adolescia enquanto
se explodia iridescente.

em torno dele nada
mais há.
nada de sonhos,
de crianças risonhas.
nada de pássaros,
de beijos, namoradas.

só a dor, o vazio
surdo do estampido.
os pedaços, ferros
carcomidos.

o clarão,
a luz de existências
detonadas,
a expansão do universo
em disparada.

Notícia de jornal

Embrulhado em um pedaço
de pano
com o cordão umbilical
enrolado no pescoço,
arfando, o bebê
foi encontrado na madruga
da zona leste paulistana.

Pesava três quilos
e o sexo vibrava
masculino.

Esparramava-se em uma caixa
de papelão
na avenida Lagoa Encantada
do Parque Santa Amélia.

Para esse pequeno
nenhuma lagoa será encantada
e nem todas as santas
do panteão universal
serão capazes de fazer florir
o parque.

Imoral da história:
a vida e o ser humano são capazes
de se acostumar a tudo,
até com a morte.

EDSON VALENTE

Nasceu em família de classe média, mas não fica em cima do muro: prefere o churrasco na laje ao convescote na cobertura. Formou-se em administração, mas prefere ser executado a ser executivo. Formou-se em jornalismo, mas duvida da notícia. Entre o pão e o circo, preferiu a literatura e publicou *Refluxos* (contos, Ateliê, 2010), *Pow-emas e outros jabs líricos* (poemas, Patuá, 2014) e *Raiz forte* (contos, Patuá, 2015).

Fronteiras

"Nunca faltou nada lá em casa", dizia Solange, forjando uma espécie de gratidão pesarosa, como se a grande sorte de planetas alinhados ou algo semelhante, a generosidade de um Deus colérico que acordara de bom humor, houvesse traçado os rumos de uma família de descendentes de portugueses que se estabelecera nos entremeios da Vila Mariana.

"Mas também nunca sobrou" - completava em pensamento, ordenhando a consciência, espumando mea-culpa enquanto se fingia à vontade entre a terceira taça de vinho - "ah, esse é muito bom, minha tia compra todo ano pro Natal" - e canapés pincelados com caviar.

Ah, que regalo. Solange no centro das atenções da rodinha de desfraldados da insuspeita *bourgeoisie* citadina. Que festa entre os pinhais da colina. Tavam dizendo que um casal havia chegado de helicóptero. HE-LI-CÓP-TE-RO!! Uau. "Eu nunca andei de helicóptero", quase disse Solange, mas se conteve, na incerteza de até onde poderia expor seu não pertencimento.

Solange perdeu de fato o sapatinho no aniversário de seis anos. Mas ele não foi encontrado pelo Marcelinho, o príncipe encantado de seus sonhos daquele verão. A recompensa pela perda foi a bronca da mãe, que havia gastado o que não podia com a festa e o traje de Cinderela. Até hoje Solange procura pela textura daquele sapato. Ah, sorte madrasta.

De repente olhou para os próprios pés. Ufa. Alinhados com o discurso, esmalte claro discreto nas unhas trabalhadas no SoHo ("paguei uma for-tu-na") e sandália Anabela (condições especiais de pagamento no site da Arezzo, C&A nem a pau) resplandecendo de nova. Obstinadamente sonhava com perdas de sapatos. Aproveitou a deixa do próprio olhar e conferiu a barra do saiote, a cintura e a tira do abdômen que estava à mostra, bendito ventre afunilado na academia.

Solange havia conhecido Henrique, o anfitrião, em um desses encontros de turma do colégio arranjados pelo Facebook. Às custas da sudorese proletária dos pais - suando em bicas para o pertencimento -, Solange havia estudado num colégio daqueles que encabeçam reportagens sobre as melhores instituições de ensino para a formação da futura ferocidade magnata, ilustradas pelas fotos de sorrisos calibrados a flúor e Nikes que praticamente caminham sozinhos.

Desde cedo, então, Solange treinara a desenvoltura para a mis-en-scène, gabaritando nos testes de como barbarizar na submissão da criadagem alheia em visitas às mansões dos coleguinhas para fazer os trabalhos em grupo. Era com gosto pelas centelhas do poder emprestado que pedia que lhe servissem mais uma coca, um sanduíche de presunto parma ou duas bolas de sorvete Häagen-Dazs, simulando familiaridade com os víveres e o apartheid. Este, aliás, lhe era de fato costumeiro, mas com os pés atolados do outro lado da fronteira, realidade que lhe estapeava sobretudo nas visitas aos avós que sobreviviam nos fundões da perifa.

Em casa, Solange sabia de cor as marcas dos produtos de limpeza e as manhas para fazer o xampu e a pasta de dente durarem mais – espremendo o tubo pelas bordas de trás e arando toda a sua extensão com as unhas para extrair os últimos vestígios de creme, o tipo de economia necessária como contrapartida para bancar as aparências nos bancos escolares.

A mãe, a própria mãe tinha de ser apreciada com moderação...

A boneca e os acessórios todos, não. Tem que escolher. O cheiro de Cândida misturado ao de ureia na chegada do trabalho, sempre trazendo um doce grudento comprado do camelô na estação. Te amo tanto, mas não suporto as calosidades das mãos. Não me pega agora, quero ir pra rua, quero sumir entre outros cheiros. Quero as alamedas douradas e a mitomania. Um dia te largo, deformada de tanto trabalhar, e vou morar em um castelo na Florida. Não poderei mais te amar.

...lavando agora a louça e as cuecas fedorentas de outro homem, marido-amante cujos filhos adolescentes não questionam a imundície dos banheiros da escola pública da cidade do interior paulista em que essa gente humilde se esconde. Uma vez por ano, Solange dá as caras no lugar e alguns presentes pra esses meio-familiares, apenas pelo prazer de ver o deslumbre das expressões diante das embalagens dos chocolates da Lindt – claro que eles não dominam a arte de pronunciar com a correção e a elegância suíças o nome da marca, mas são essas incompatibilidades com a grama mais verde do vizinho, sendo ela, agora, a moradora do outro lado da cerca, que fazem Solange lamber com ar de superioridade os beiços delineados pela Le Lis Blanc.

Henrique invadiu a roda de convivas pra falar sobre sua última viagem a Aspen, EUA. Henrique e suas mãos de textura de descampado coberto de neve, tripudiando sobre esquis em feriados prolongados. Henrique extenuado pelos deslizes sobre as montanhas desmoronando à noitinha sobre a cama nívea de um quarto da ala oeste do resort, certamente acompanhado por alguma Jessica Rabbit de lentes púrpuras e lingerie da Victoria´s Secret.

"Alguém tem um carregador de iPhone?" - a pergunta emanou de uma cabeleira ruiva que pouco havia se pronunciado até então, empoleirada que estava em uma poltrona de veludo verde-escuro ao lado da lareira. "Minha nobreza é mais natural que a cor desse cabelo", pensou Solange entre sinapses recriminatórias, uma vez que achava o máximo a extravagância de riquinhas e riquinhos modernosos com cara de artista - e que se diziam artistas, embora ninguém nunca tenha topado com uma obra minimamente esboçada por essas figuras.

Filha, você merece vida melhor que a minha. "Mas o que seria uma vida melhor?"

Talvez uma vida de texturas como as das mãos de Henrique. Que a certa altura tomaram as palmas bem menos poupadas de Solange entre suspiros destilados em tonéis de carvalho, isso quando a fauna já se espalhava por recantos do jardim e da própria casa, aos pares ou em trios, esfregando etiquetas de grife e perfídia pelo gramado ou em carpetes insensíveis. O par Henrique-Solange, no caso, instalou-se no mezanino, sobre as felpas beges de um espécime comprado em alguma liquidação em Miami.

Solange entendia bem de etiquetas e liquidações. Das dez às quatro, batia ponto em uma loja de roupas no Shopping Iguatemi pra pagar a faculdade de administração que fazia à noite. Mas, claro, Henrique não precisava saber disso. Sobretudo ao arrancar trajes iguais aos que ela costumava enfurnar nas sacolas enquanto prometia ao cliente, entre sorrisos, "acompanhá-lo até a porta".

Filha, você merece vida melhor que a minha.

Depois que se vestiu, Henrique acendeu um cigarro e saiu para o terraço contíguo ao mezanino. Solange se aproximou, só de calcinha e sutiã, para se vestir de fumaça e viver o seu momento Marlene Dietrich. Henrique bancou o bom-mocismo que ele pensava ser o que ela dele esperava. *Filha, você merece um homem de família.* Com uma pegada Alain Delon, ele apagou o cigarro na superfície marmorizada do parapeito e enfiou os dedos em avanço supostamente romântico entre os cabelos brilhosos de Solange. "A gente precisa se ver mais vezes", disse, sem saber bem o que queria dizer - o que abria a fala a complementos ilativos. Solange emendou: "Quando?"

Surpreso pelo tom incisivo, Henrique buscou mentalmente uma fissura no fractal de seus compromissos e lembrou-se da passeata dali a dois dias: "Quer ir com a gente [referia-se à fauna] pra Paulista no domingo? Meu tio alugou um carro de som ou algo assim, a gente vai fazer um barulho por lá". Solange teve vontade de perguntar se ia ter champanhe, mas enfiou a rolha na boca antes que arrotasse qualquer coisa sobre a Cidra Cereser de tantos réveillons. "Que tipo de barulho?", quis saber, tão curiosa pela resposta quanto em identificar a espécie de pinheiro predominante no matagal encosta abaixo. "Ah, alguma coisa contra o governo. Esse país nunca teve tanta corrupção. Uma palhaçada. Vem com a gente, o lance é subir no carro de som e fazer uma bagunça. Tem alguma camisa da seleção brasileira? Todo mundo vai usar uma, se quiser te empresto."

Solange pisou num galho seco da memória por alguma sinapse desgarrada e se viu com uns dez, 12 anos talvez, na rua de casa, em meio a uma enxurrada de camisas vermelhas encimada por um foguetório festivo. Sua mãe a erguia a uma altura acima das cabeças dos adultos, uma altura em que nunca estivera antes, e enquanto a suspendia falava algo sobre "dias melhores pra quem sempre se fodeu". O que tinha acontecido naquele dia mesmo? Talvez tivesse deixado cair o outro sapatinho, na esperança da porra do principado. Ou talvez fosse um tênis da Nike. Mas não houvera bronca naquele dia.

De qualquer forma, já que se encontrava distante do chão em pensamento, espichou a viagem para a lembrança do pai, sempre tão ausente, sempre perdido entre papéis de rascunho cheios de contas, todas as noites reclamando e repetindo como um mantra que "o pior sempre sobra pra classe média". Ainda bem que estava tão longe de tudo aquilo. Novos dias viriam, dias de carros de som, champanhe e seleção brasileira. Estava, agora sim, verdadeiramente, nas alturas.

"Você prefere azul ou amarela?", chamava Henrique, a voz neblinando entre o sonho e a realidade.

"Hein?", disse Solange, num sobressalto, caindo em fuga das recordações do passado.

"A cor da camisa da seleção", explicou o rapaz. "Você quer usar uma camisa de que cor no domingo?"

"Tanto faz, tanto faz mesmo", respondeu Solange. "Isso não faz a menor diferença pra mim."

EULÁLIA M. RADTKE

De 1949, Gaspar/SC. Obras: *As travessias* (1976), *Espiral* (1980), *O sermão das sete palavras* (1986), *Roteiro lírico de São José dos Pinhais* (1995), *Lavra lírica* (2000), *Olho d'água* (2007). 58 antologias, 52 prêmios, Poesia em Praças: Cachoeiro do Itapemirim/ES, Blumenau/SC, São José dos Pinhais/PR. Prêmio conjunto da obra, Academia Catarinense de Letras.

Minha pátria em três lamentos

I. Via dolorosa

Abro este poema com cuidado.
É delicado e afiado como a própria vida.
Nossa Bandeira sangra.
Inchada pálida febril
nossa democracia
na UTI dos insensatos.

Que ferramentas desumanas
danificaram a Carta Magna?
A tirania dos cifrões?
A insolência das proles de luxo
- ignorâncias incuráveis criadoras de sultões?
Ai, Brasil, que vergonha!
Triste horizonte, este!
A solidão tornou-se constitucional
os ossos dos punhos mais livres
que os sonhos.
Provincianos, ressentidos
somos bem os donos das cenas
mais patéticas de uma sociedade
de equívocos.
Insones, criamos forças utópicas
esquecendo a semiótica do drama.
Nem Marx resistiria.
Nietzsche, definitivamente
não reencarnou por aqui.

II. Via dolorosa

Ando com ares de rainha exilada.
Tenho rodopiado nas persianas
da janela.
Observo aranhas marrons no vaso
sobre a mesa da Terra.
Lembrei das imagens recentes
em todas as capitais.
Me dirigi à janela, separei
as persianas e não vi outros
motivos
senão o desespero diante
das resoluções soturnas do Parlamento
e a dignidade humana sofrendo
sérios riscos.
Cantilenas noticiosas
incitam a ler História Moderna
e Contemporânea das Américas.
Do prefácio ao epílogo reencontro
a repetição da História.
Em vão tento fazer brotar
do corpo estéril do livro
algum fio condutor de esperança
que nos leve além da corrupção
injustiça ignorância miséria
e solidão.

Um vento sem norte
sacode as persianas.
O tabuleiro permanece soberano
enquanto os bispos se digladiam.
Penso seriamente no "ovo de Colombo"
na elite vestida de amarelo cintilante,
paro por instantes diante dos estandartes
das supremas leviandades,
volto a pensar, agora com certa fúria
sobre o que havia dentro do ovo.

As incertezas se alastram
como um deserto agreste.
É preciso inaugurar o monumento
das magníficas e vergonhosas
mentiras.
Pensando assim
um silvo áspero retumba
à minha janela, parte a vidraça
e meus fantasmas incompreensíveis
dizem palavras: talvez exista alguma
matemática do espírito
cujas terríveis leis não sejam
tão violáveis como as que regem
a mentira governamental.
Diante dos estilhaços
guardarei o monumento do engodo
no templo das sete vergonhas do mundo.
De certo que guardarei
antes que cesse o coração.

III. Via dolorosa

Hoje, com displicência
visitei o jornaleiro.
Comprei todas as notícias
juntei os estilhaços da vidraça
e fechei a porta.
Pelas paredes caiadas da nação
descubro o mau cheiro
entranhado em bolor.
Nunca gostei das fadas e varinhas mágicas.
Escolhi a poesia dura
e renunciei aos encantamentos.
Se heróis e metáforas administrativas
resolvessem crises econômicas e sociais
a Declaração Universal dos Direitos Humanos
teria sentido.

Ai, Brasil, como não entristecer?
O tabuleiro continua a irritar-me
exigindo afinidades.
Na diagonal, quanto em linha reta
o sangue é vermelho.
Dorme, povo.
Dorme no silêncio ilusório da
canção partida
porque o coro está desafinado!
Dorme o sono distraído
enquanto rumores difusos se amealham,
se tornam tão altos,
que de tão altos tornaram-se surdos!

Enterrados sob os equívocos
da História,
os desígnios das "dívidas" os ilustres
já comeram o pai
a mãe e os filhos.

No tabuleiro
os peões já começam
a avançar e ameaçar
xeque-mate aos reis de
toda verve.

FABIANO FERNANDES GARCEZ

Professor de língua portuguesa, redação e literatura, crítico literário e autor dos livros: *Poesia se é que há* (2008), *Diálogos que ainda restam* (2010), *Rastros para um testamento* (2012) e *Em meio aos ruídos urbanos* (2016). Participou das antologias: *São Paulo quatrocentona* (2005), *Amor que late ao coração* (2009), *Os melhores da poesia brasileira* (2012) e *Vinagre: uma antologia de poetas neobarracos* (2013).

Ode ao que se acha burguês

a Mário de Andrade

Eu insulto aquele que se acha burguês, o burguês pobre,
o burguês capataz!
A indigestão imperfeita de São Paulo!
O homem-tucano, o homem-bolsonaro!
O homem sendo mineiro, nordestino, português, chileno
se acha sempre da fina estirpe Lacoste nas costas

Eu insulto as pseudoaristocracias burras do Facebook!
Os Manés, Joãos, os trouxas, os broxas
que aguentam os quinhões nas costas
e arrotam felicidade capitalista parcelada
e são felizes porque têm um bom emprego
e são cidadãos ditos respeitáveis

Eu insulto o burguês capitão do mato
que acha fazer parte dos exclusivos, dos privilegiados
fora o intelectual do Twitter! Aquele que prega pela educação,
mas nunca estudou!
"- Comunista! Socialista! Vagabundos!"
Morte à hipocrisia!
Morte à estupidez!
Morte ao bom-mocismo machista!
Morte ao burguês de discurso de meritocracia!
ao burguês do conjunto residencial popular!
"- Aí, filha, bandido bom é bandido morto!"
"- Somos neoliberal, mas e a nossa aposentadoria?

Oh! Classe média achatada!
Oh! Racismo reverso!
Ódio ao discurso do vitimismo negro!
Ódio à falácia da ditadura gay!
Ódio aos que pregam que corrupção é a dos outros
Ódio à gente de bem! Ódio à moral e aos bons costumes!
Ódio aos maconheiros que amam a polícia!

Ódio e insulto! Ódio e rancor! Ódio e mais Ódio!
Morte ao burguês de carnê!
Cheirando à lavanda de igreja cujo dinheiro é Deus!
Ódio vermelho! Ódio comunal! Ódio social!
Ódio fundamental e sem perdão!

Fora! Fora ao mimi do burguês otário!

As contas da gente

Primeiro a gente exclui os outros
de nossas vidas, nossas conquistas
Com medo de invasões

A gente cria muros
Aí os muros não dão mais conta
Com medo de invasões

A gente cria grades
Aí os muros e as grades não dão mais conta
Com medo de invasões

A gente cria cancelas, guaritas e sistemas de segurança
Aí os muros, as grades, as cancelas, as guaritas, os sistemas não dão
mais conta
Com medo de invasões

A gente cria vidros e carros blindados
Aí os muros, as grades, as cancelas, as guaritas, os sistemas, os vidros,
os carros não dão mais conta
Com medo de invasões

A gente cria muros, grades, cancelas, guaritas, sistemas, vidros
para nos blindar
Aí a gente não se dá mais conta

GERMANA ZANETTINI

É poeta e editora. Publicou *Eletrocardiodrama* (2017), livro vencedor do Prêmio Academia Rio-Grandense de Letras. Tem participações em antologias, jornais e revistas literárias. Seus poemas também podem ser encontrados em suportes menos convencionais: em paredes de trens, ônibus, muros, museus, teses de mestrado, agendas, camisetas e no próprio corpo da autora, nas fotografias de seu projeto Poesia na Pele.

leia antes de usar

não, aqui não há lugares reservados
[de antemão já lhe adianto:
nem adianta olhar para os lados]

o ambiente não é climatizado
os assentos não são flutuantes
e máscaras de oxigênio
não cairão
sobre suas cabeças

para sua segurança e conveniência
informamos que a vida
não vem equipada
com saídas
de emergência

ao lauro do telemarketing

não, eu não quero nenhum cartão
a não ser que você me envie um daqueles antigos
escritos à mão
(já reparou como ninguém manda mais cartão
seja natal, páscoa, ou postal?
agora é só e-mail, comentário e post no mural)

lauro, a vida já anda tão gasta
não quero nada que me faça
gastar o que não tenho, obrigada

não me fale sobre os juros, não quero saber sobre juros
eu quero as juras, lauro, apenas as juras de amor!
ainda que um dia elas possam se quebrar...
se até a bolsa quebra, por que seriam as juras inquebrantáveis?

não, lauro, da bolsa de valores nada sei, porém
carrego uns versos
dentro da minha bolsa de couro sintético, pode ser?

estive em wall street, é verdade, mas saí sem entender
quase nada daquela parte da cidade
no entanto, lauro, eu sei tudo sobre os hábitos
dos esquilos que habitam o central park

confesso: não compreendo os índices financeiros
mas manuseio o índice de um livro como ninguém
(contos são tão melhores do que contas...)

lauro, nada que custe os olhos da cara
se compara ao olhar de quem a gente gosta
que é de graça
e essa é a graça da coisa
e hoje em dia tem tanta coisa valendo mais do que gente...

se estivesse vivo, acho que marx reescreveria o capital
não me leve a mal, lauro, não sou hipócrita
a gente precisa de dinheiro, eu bem sei

e a vida não tá fácil pra ninguém

porém, pra ser bem sincera
essa coisa de consumir
já não me consome mais
e ultimamente não há dinheiro no mundo que pague
o preço da minha paz

lauro, tá bem frio aqui do outro lado do fio
é sábado de manhã e eu não durmo há semanas
então, me dá licença que agora vou desligar
e voltar pra minha cama

GISELLE RIBEIRO

Nasceu na Amazônia, em Capanema, em 1967. Na infância, mudou-se para Belém e tornou-se professora de Teoria Literária na Universidade Federal do Pará.

Dicionário da língua invisível

Era uma família vinda do sul,
pareciam todos andar de salto alto:
homens e mulheres.
Fala moldada nos princípios
do que é sempre certo e refinado.

Chegaram achando que a realeza
se instalara por essas bandas.

Matricularam o filho numa escola do centro.

No primeiro recreio,
o menino triste se revelou outro:
aprendera a falar a língua portuguesa
do lado avesso,
bem na região da Amazônia
e suas entranhas.

Chegando em casa,
foi mostrar a novidade
com grande entusiasmo:

- Vó, o Chiquinho disse que tomou tacacá
numa cuia pai d'égua.
A avó fez o sinal da cruz
e pediu a ele para falar baixinho.
Mas a mãe esticara o ouvido
da sala até o pátio da casa
e soberba como era,
não contou conversa.

No dia seguinte se dirigiu até a escola
anunciando:

- Matriculei meu filho para estudar a língua britânica
e não permito o aprendizado
de outra língua estrangeira.

Trancou a matrícula
e o menino voltou
para o mundo dos desvalidos.

Biografia incandescente

Samuel Johnson era craque em lavar as palavras
e retirar delas o suco licoroso.
Depois,
bebia até se embriagar
dos seus significados e insignificâncias.

Provavelmente o pai de Samuel Johnson
desejasse que ele fizesse Direito,
que fosse Juiz,
ou talvez fizesse Medicina,
que fosse chamado de Doutor.

Não fez nada disso.
Foi ser Lexicógrafo
e curou muita gente
do desconhecimento das palavras.

Máxima ou mínima de poeta

o senhor não vê?
eu tenho todas as paisagens na pele
e no sangue gente de toda sorte:
alegre,
deselegante,
triste,
ocupada demais,
religiosa demais,
que rouba,
que mata,
que ama
e desama.

veja só:
eu sou eus
e boi não lambe.

Das verdades da lenda

de olhos fechados sonhei
que o homem ia à Lua.
de olhos abertos
vi que ele sempre esteve na Terra.

que bom,
já chega de exploração.

GRETA BENITEZ

Nasceu em Curitiba. Lançou *Rosas embutidas* (edição do autor, 1999), *Café Expresso Blackbird* (Landy, 2006) e *Canção antiqüe* (Patuá, 2013). Publicada em revistas como Oroboro, Et Cetera, Conti-num (Itaú Cultural) e Brasileiros. Também está em edições eletrônicas como Zunái, Germina e Mallarmargens. Participa de diversas antologias, como *Todo começo é involuntário – A poesia brasileira no início do século 21* (Lumme, 2010), *Fantasma civil* (Medusa, 2013) e *101 poetas paranaenses – antologia de escritas poéticas do século XIX ao XXI* (Selo Biblioteca Paraná, 2014).

Contrastes

O centro da cidade arde
casas de umbanda
peixaria, antiquário
loja de armarinhos
praças, ônibus, trânsito, tráfico
e uma loja de roupas de bebês
do lado do cine pornográfico

Essas estranhas mulheres de cidade

Essas santas
Suas seitas
Essas santas desfeitas
Santas ao contrário
Mulheres eleitas
Loucas pelo avesso
Enfermeiras
Velhas sereias
Vagam
Loucas pelos desertos da cidade
Doméstica desolada
Mulher de negócios apaixonada
As loiras de farmácia
E as morenas neuróticas
Mulheres de guarda-chuva atravessam a rua
Mulheres gripadas
Mulheres de salto alto
Botas, lenços, batom escandaloso
Mulheres à luz do sol
Essas deusas dançam
O tango do trânsito
Mulheres fatais
Sangue quente, cristais
Mulheres procurando seu cenário
Mulheres saindo do camarim
Todas elas dizem sim
Amigas do Marquês de Sade

Desfilam no meio da tarde
Essas estranhas mulheres da cidade
Mulher-dama
Dominatrix
Mulheres do norte
Mulheres que eram homens
Mulheres sabem a verdade
Essas estranhas mulheres de cidade.

Constatação

O que é mais triste:
O estranho dialeto dos meninos que não têm casa
Ou o choro jazzístico dos anjos
Que não têm asa?
Pra todo mundo
Alguma coisa falta
Alguma coisa fundamental
O anel de lata que dava sorte
Perdido na mudança
Ou uma valsa nunca dançada
O que falta nem sempre se vê
O que falta a você?
Uma música nunca escutada
Um bombom de licor
Ou um martelo escondido?
Mas isso não é tão mau assim
Ninguém pode ser feliz sem ter tido
Pelo menos um grande amor perdido.

Cães dos Jardins

Lindos cães dos Jardins
Deitados sob as mesas
Onde seus donos estão sentados
Olhando a cidade que se move
Línguas ondulam em caimento perfeito
Olhar feito de puro ensinamento

Dignidade
Honestidade
Tudo isso mora
Dentro dos cães dos Jardins
E sobre a mesa
Um café preto, água mineral
E um jornal
Que contém todo horror do mundo.

Engarrafamento

Trânsito parado
a namorada do alcoólatra
de olho roxo
cantando contente
no carro ao lado.
Mais à frente
a mãe indiferente
à guerra das crianças
no banco de trás.
Logo atrás
um pálido em pânico
reza ao volante sagrado
suando agarrado a ele
como se fosse seu salvador.
Do lado de lá
a moça que tem uma porca
com colar de pérolas tatuada no braço
escuta músicas jamais compostas
em um cd imaginário, inexistente.
Assim ela esquece seu cansaço
assim como a doce febre que sente.
Em helicóptero, na TV, visto do alto
engarrafamento, trânsito lento
é apenas belo bordado
de carros no asfalto quente.

JANDIRA ZANCHI

Poeta e ficcionista. Autora de *Área de corte* (Patuá, 2016), *Gume de gueixa* (Patuá, 2013), *Balão de ensaio* (Protexto, 2012) e do livro virtual *A janela dos ventos* (Emooby, 2012).

Tiros na esquina

madrugada, ano que finda e
um sabor de tumulto

tiros na esquina

em vaga luz remanescente
o filtro silencioso
do tempo
seu túnel de fugas e favas

acasos de temperança e fulgor

é o silêncio sem inocentes
manchetes na noite
News
Globo divaga suas manchas negras
de fábulas fabricadas de benefícios

esquivo a espera e descuido
meu cordão de impedimentos
quase salva
estou crua de tempo
esquecida de outros vales de lágrimas

espumando espumante e uvas
amêndoas e dores
repenso meus manuais
e lembro na calçada os pés
ásperos
do mendigo
sua mandinga de salvação

ainda darei três voltas em um parque
deixarei que escorra outro ano

no centro da cidade as ruas desertas
a lamparina sem estrelas

nenhum movimento
ausência de interrogações

na noite que caminha
sexta sábado e seguinte

há lágrimas em teus olhos...

O fundo da sombra

quais peso e medida
são o vintém
de uma alma?

Se as correntes das águas,
tão morosas e sinceras,
sabiam-se destinadas
a serem supridas
por de aço e ouro avenidas
coladas em turbilhões
de luxo e lixo
vaidades de náusea, enfim,
se à direita e à nascente
da luz dadivosa
escorregaríamos nossos corpos
primários em suas primevas
pois. se enfim...

aquele homem que
se alimenta de lixo
a quanto peso se pesa
a sua desdita?

Nenhuma luz apaga
o fundo da sombra
antes, nela submerge,
até arrancar da nódoa
de pouca esperança
alguma aventurança.

Mas, se espreito
o espaço e seu voo
a alma e seus nódulos
a marcha e seus traçados

em que leveza me levo
Se de mim extraio o cerne
e do mundo vislumbro
os ditames dos limites?

Pois são ambos
ambivalentes e necessários
rasgados ao esquadro
do arquiteto celeste
enamorados de suaves
          e empinadas
linhas ascendentes
airosas e arvoradas
ao longo da infinitude.

Por que ao homem
          a alma
fundo e chão
percorrendo o martírio
em seu coração de Ave?

LAU SIQUEIRA

Nasceu em Jaguarão/RS, em 1957. Publicou seis livros de poemas: *O comício das veias* (Ideia, 1993), *O guardador de sorrisos* (Trema, 1998), *Sem meias palavras* (Ideia, 2002), *Texto sentido* (Bagaço, 2007), *Poesia sem pele* (Casa Verde, 2011) e *Livro arbítrio* (Casa Verde, 2015). Participou de antologias no Brasil e no exterior. Reside na Paraíba desde 1985.

porto

alegre
apesar da fome
no morro da tuca
grêêmio grêêmio
galera nas ruas
pedras foices poemas
cãezinhos vivendo
em apartamentos
cagam o tapete
tudo tudo
muito comovente

conluio

a morte
é um passo
absurdo

junta os pés
de todo mundo

idílio paulistano

somente os pássaros nos quintais
do Morumbi cagam a burguesia pau
lista que sempre parece tão distante
em suas ocas rebocadas pelo lucro
das fábricas e pelos suores que descem
a consolação no coletivo para
lamber pipocas no Ibirapuera

sampa concentra as uvas do estio
nas madrugadas de poemas restritos
ao delírio

(que frio)

pornografia brasileira

madrugada

três meninos
ajeitam seus lençóis
de sacos e jornais
no mercado público
de mangabeira

chove

tinto seco

Querido diário. Vírgula.
Novalinha. Sou um cidadão do
meu tempo. Ponto. Olho ao redor
e vejo que a esperança habita
somente os olhos de quem luta.
Ponto. Vejo lampejo de medusa.
Ponto. Vejo tudo pelo olhar que
assusta. Ponto. Vejo a louca
entre a viagem e a musa. Ponto.
Ponto. Ponto. Vejo a vida difusa.
Ponto. Inconclusa. Ponto.
e ponto. Ponto.

LEANDRO RODRIGUES

Nasceu em Osasco/SP, em 1976. É poeta e professor de literatura. Já lançou os livros *Aprendizagem cinza* (Patuá, 2016) e *Faz sol mas eu grito* (Patuá, 2018). Possui poemas em vários sites, antologias e revistas literárias do Brasil, Portugal, Espanha e Estados Unidos.

Capital

Um olhar patético
numa manhã fria, surrada
homens autômatos com seus óculos autômatos
                    - de duros aros de 50 anos atrás -
- vigiam passos e escrevem em cronogramas frios
que serão entregues ao superior de suspensório imediato

destinatário: o grito guardado num envelope com 7 selos

no pátio lágrimas regurgitam foices e prévias do desenlace
que não falha, nem tarda - amém

saldo: 300 homens enforcados pela própria gravata.

O casal

Ele distante folheia o Global Econômico
Ela tateia as cores de seu novo celular importado

Numa semana
Miami, depois Nova Iorque

Por ora, bocejos
        ele fecha pontualmente seu jornal
        acerta o despertador e o pijama bege

Ela segue tateando o vazio das cores
        na solidão do grupo de 150 pessoas.

Paisagem pré-moldada

Verticais sombras brotam
à beira do rio manufaturado
Esquálidos seres se movem
- mecânica simetria -

Adestrados medos impunes
em carne viva

Incômodos gritos ancestrais se projetam,
são despejados nos alicerces de teclas infindas
pequenas telas que domam silêncios abruptos

a tarde & seus precipícios se ajustam
sangrias de automóveis cortam como cruzes
destroçados horizontes de um prédio em chamas que desaba
nos olhos da urbana arquitetura pré-moldada

Os mortos não mais ocuparão os vazios do centro.

Androides

Um milhão de carros autômatos cruzam o nada
A distância imprecisa entre a tarde e seus precipícios

Cem mil androides hiperfaturados conspiram contra
o governo robótico M-76

Atenuamos a morte que já não existe em versos que imitam
distantes poetas do Séc. XXI

A verdade nunca esteve lá fora

Nunca saiu do chip.

Ypres Ypres

adeus

adeus mórbido vômito de chumbo
com gosto ácido de fuligem e tabaco
infant terrible – luminosos letreiros
de organdi
a imaginária metrópole

que nunca existiu

adeus silhuetas curvas –
mórbidas luzes de néon e marketing
com cheiro de navalha,
fuligem de bala
(cinta-liga à mostra)
"três tiros bastaram..."

adeus sintaxes cruas
sotaque forçado de telenovelas
semblantes de cera
aparência de nuvem – *blasé*
– todos brancos sentados à mesa –
que nos corta tão natural

inusitada adolescência tísica
sombras estiradas no mofado porão
do cárcere sujo da palavra
agonizantes lentes antirreflexo
enlatada solidez do que não sangra, não grita

engravatados cortes drásticos
barrigas de suspensórios
– verbas para este ou aquele projeto
esnobe semblante bandido
"Quanto vou levar nessa?..."
Se puede ser más hijo de puta?

decrépitas senhoras sociáveis
damas da caridade e do bom gosto,
brinco e bolsa de couro:
"em Miami é assim..."
vomitem suas estreitas burrices plastificadas
com retoques de lantejoula e botox

nobres e notáveis autores de robusto fardão
prestamos continência às suas canônicas obras inúteis
num país de artifícios –
"brazilian way of death"

LUIS AUGUSTO CASSAS

Nasceu em 1953, em São Luís, e reside em São Paulo. Autor de *A poesia sou eu, poesia reunida*, dois volumes encadernados, com aproximadamente 1.400 páginas, reunindo 20 livros de poemas e fortuna crítica (Imago).

São Paulo

São Paulo
precisa parar
24 horas
no ar

pra reverenciar
a rosa nascendo
no Viaduto do Chá

socorrer
os miseráveis
que oxidam ao luar

saudar o mar
que invade as ruas
e avenidas
e ouvir o galo
na Avenida Paulista
cantar

Plantão

diempax   preludin
psicopax   perventin

energisan   melhoral
gluconergan   sonrisal

o poeta só dorme
quando cessar a dor do mundo

Supermercado

1
A Dor
é produto supérfluo
ou gênero de primeira necessidade?

2
Está na seção de laticínios?
rotisserias? conservas? artigos importados?

Pesa-se em quilos?
Corta-se em fatias?

É perecível?
É enlatada?

3
A Dor
falta nas prateleiras:
é racionada?

A Dor
apodrece:
é confiscada?

Despejam-na aos cachorros?
Doam-na aos orfanatos?

4
A Dor:
sua imensa safra
Agricultores & máquinas
para aumentar a área plantada
Cor e sabor para todos os gostos
Impossível lixo
que a limpeza urbana
não recolherá

5
Imaginemos ao acaso
(como num passe de mágica)

A Dor
desaparecesse das prateleiras:
Haveria desempregados?
Greves? Revolução no Pacífico?

ou néscios consumidores
acostumar-nos-íamos com outro cardápio?

6
A Dor
sua marca registrada
Papel pra presente
ou embalagem de embrulho

agora é passar na máquina registradora
e conferir a mercadoria

7
Da Dor
guardamos o troco

LUIZ ROBERTO GUEDES

Poeta e escritor, tradutor e letrista. Publicou, entre outros, *Calendário lunático/ Erotografia de Ana K* (2000), *Minima Immoralia/Dirty Limerix* (2007), *Almanárquico* (Coleção Leve Um Livro, 2015) e *Miss Tattoo, uma quase novela* (Jovens Escribas, 2016). Participa da antologia poética *Oitavas* (selo Demônio Negro, 2006) e é organizador de *Paixão por São Paulo* (2004), com 72 poetas (de 1920 a 2003). Contos e poemas em outras coletâneas e sites literários, como Germina Literatura, Escritablog, Musa Rara, Tuda – Papel Eletrônico e outros.

DAILY MARKET

todos em leilão

todos felizes

faça seu lance

saldos da crise

último aviso

para quem voa

em queda livre

pense rápido

economize

seu velho sonho

vida boa

AVOENGO

a mão do avô
escolhe as cebolas
no supermercado

a voz do avô

repente enverba
em couro de provérbio
o avô havido
refuga transitar
em sépia no retrato

escapa a galope
aprumado na sela
|quem vai na garupa
não mexe na rédea|

a cidade não cessa
o avô quer voltar
no cavalo de sombra
resgatar seu lugar

e não há mais
                lá
        e sim um
                eu

VOLTE SEMPRE

bem-vindo aproveite
nosso preço promocional
seja breve no embarque &
desembarque estacione
tranque & leve a chave
não nos responsabilizamos
por objetos extraviados
confira seu troco no ato
não aceitamos reclamações
sorria, você está sendo filmado
você é muito importante para nós

CONTROLE REMOTO

trip na poltrona

|clic| a cornucópia zumbe
detergentes rugem
whiskies dão de ombros
não somos para todos
|plim| Motel Samoa especial
como você suítes de fino requinte
colchão d'água hidromassagem
|humm| venha para Nostrobanco
o banco signatário da declaração
universal dos direitos do animal
|nhact| Cosmo Capitalização
multiplica o seu tostão |zum|
você merece seu lugar ao sol
Club Paradiso, uma realização
Leão, Lobo & Leitão |flafliflum|
nós queremos que você saiba
que nós sabemos o que você quer
boa noite, vá dormir
sonhar com novas conquistas
amanhã

LUIZA OLIVEIRA

Poetisa, atriz, socióloga e advogada. Lançou dois livros de poesia: *Afetos transgressores* e *Da menina que matou seus bichos*. Está em várias coletâneas: *Senhoras obscenas*, *Elas e as letras* - esta última distribuída em sete países - e *Cem poemas, cem mil sonhos*. Fez dois longas: *O homem da cabeça de laranja* e *Suíte epifânica de Luiza*, ganhador do prêmio diamante de melhor filme de N Y (Indie Awards).

A cachaça, por favor

As chaleiras estão fervendo
ventiladores no alto não sustentam o calor
eu preciso de um refrigerador
panos úmidos não seguram fogos de artifício

Eu preciso ser
as pessoas são, já dizia o rei Arthur
mas cadê ele?

somos plasmas, cataplasmas
soltos no ar
sementes jogadas em vasos sanitários

vivemos parcelados
a minha primeira parcela já tá paga
o que faço com as restantes?
o saldo acabou,
estou suando, carpindo com a enxada rochas duras
vou e volto
volto e vou

caminhos isentos são o nosso habitat
mas queremos sempre ganhar
somos ansiosos, desonestos

só o cativeiro é peculiar
como feto sofro pancadas para abrir os olhos
que um dia se fecharão

vivemos em dois lados, em dois hemisférios
a vida dupla amansa a escuridão
existe uma rua sem saída
são os caminhos mornos que rondam a cidade

ainda tem uma raspa de osso, quer comer?

O melhor do flashback (92 clipes)

últimos dias do ano...

um desfile de incertezas
a roda que não para de girar

dorme, dorme...
crianças em calçadas sujas

limpa, lava, torce
e esse cheiro que não sai

essa nostalgia maldita
dos que se foram...

o tempo borrado
não dá pra enxergar

os tiros sem alvos
as cortinas cerradas

e a solidão
um caminhão de recordações

e as ausências

dos beatles beatificados
dos woodstocks assertanejados

e o vazio endurecido
enfia o dedo no cu e grita
essa terra não é mais sua

você já não mais se pertence
pertences viram cinzas

e nossos ideais
calcaram em pós

escureceram as salas
vai começar o filme

não pula a janela
vai sujar a calçada de sangue

e o lixeiro tá em greve...

Modismo e assim caminha a mediocridade

Modismo
perdidos no universo sistêmico
todo mundo quer ser COACHING
cold? sei lá
prefiro ser cult
puta!
constelações familiares se esbarram em constelações financeiras
como vitrais sagrados pintados em tetos de igreja
tudo é decorativo, decoração
prefiro trogloditas que dão murros no peito e urram
prefiro cagar no mato
e ver meu troço grande e grosso
saindo das entranhas
como a rudeza do universo
como os sem-fala com babas
prefiro urrar
e NÃO SER

MÁRCIA DENSER

Escritora paulistana, publicou, entre outros, *Tango fantasma* (1977), *O animal dos motéis* (1981), *Exercícios para o pecado* (1984), *Diana caçadora* (Global, 1986), *Diana caçadora/Tango fantasma* (Ateliê, 2003, 2010, 2ª edição), *A ponte das estrelas* (Best-Seller,1990), *Caim* (Record, 2006), *Toda prosa II - obra escolhida* (Record, 2008) e *DesEstórias*, crônicas e artigos (Kotter, 2016). É traduzida em nove países e em dez idiomas: Alemanha, Argentina, Angola, Bulgária, Estados Unidos, Espanha (catalão e galaico-português), Holanda, Hungria e Suíça.

ADRIANO.COM

De óculos ficava com um ar depravado, exatamente ao contrário do que deveria, evidenciando uns lábios sensuais, uns olhos oblíquos, os cabelos em estudado desalinho.

Nascida em 1955, Júlia Zemmel era judia, refinada, escritora e ainda uma bela mulher, principalmente com aquelas lentes claras, transparentes, aliás os homens adoram isso: sempre preferem as vesgas.

Óculos acentuavam aquele seu ar idiota (eles também adoram mulheres idiotas) e dizer-se judia e escritora não seria um ato de fé? Não, pensa Júlia: uma vocação para a infelicidade, algo visceralmente fora de moda, tanto quanto ter quarenta e cinco anos, oito quilos a mais e todas as ilusões a menos, noves fora: não exagere, Júlia, nem todas.

Sexo, por exemplo, nunca fora problema, problema moral, queria dizer, e se não havia pecado culpa não havia, nada além de remorsos de ordem estética - o que significava trepar com escriturários, mensageiros & acompanhantes anônimos meio aleatoriamente, depois se arrepender amargamente e dormir na pia - isto eram remorsos de ordem estética. Nos confins dos anos 80, essa havia sido a fase da promiscuidade, algo atualmente impraticável e ainda mais fora de moda.

Porque sexo agora era todo o problema, pensou Júlia examinando-se no espelho. Nesses tempos ruços impõe-se o maldito patrulhamento em nome do sexo-seguro-anti-aids e é tão eficiente que Moisés teria vergonha do seu decálogo e respectivas interdições e ameaças com o fogo da geena, imagine, que o inferno é aqui mesmo, onde se tornou quase impossível materializar o corpo do desejo, convertido numa espécie de martírio tantalizante de ter tudo tão perto e, ao mesmo tempo, inatingível. Na realidade, o patrulhamento social é o moderno sucedâneo da lei mosaica.

Porque Júlia detestava ficar só na imaginação - aliás não tinha muita imaginação - inclinava-se pelo que podia pegar e pegava o que podia. Começava a ter vergonha de sentir tesão.

Então o problema era a idade daquele Gabriel.

Quando ele lhe disse ter trinta anos, Júlia sentiu uma zoeira distante, como se fosse sair do ar, desmaiar. Porque ele disse a idade *intencionalmente*, o olhar falsamente distraído, um risinho imperceptível no canto dos lábios, atento à minha reação, o filho da puta. E Gabriel era um homem bonito, diga-se, não do tipo explícito, gênero comercial de gilete. Fazia mais a linha casual look.

Era um jovem arquiteto. Não. Um arquiteto jovem. Não. Era um jovem, arquiteto de profissão e escritor por vocação. Talvez. Era muito jovem de qualquer forma. No futuro talvez se tornasse mais escritor que arquiteto, como podia ser ao contrário. Sabia por experiência que pessoas bonitas não escolhem a literatura por destinação (e se o fazem hão de ser geniais, o que não era o caso) porque não é uma profissão, antes uma vocação para a infelicidade, que não exclui o celibato como pré-condição para se casar com a humanidade.

Em dado momento da vida, Júlia também vendera a alma, fizera seu voto - essa espécie de moratória às avessas, de compromisso não escrito com a divindade, a desobrigá-la de marido & filhos e condená-la à solidão e à promiscuidade, à perseguição do pecado perfeito, atando-a voluntariamente e para sempre às cadeias da condição humana.

Humanidade que aliás anda muito desumana ultimamente, suspirou Júlia desligando o computador, fechando as janelas: virou algo como uma pós-humanidade da qual, presumo, esse pós-Gabriel - pós-graduado aos trinta anos em arquitetura no que pretende pós-doutorar-se e que se pretende escritor por mal dos pecados - faz parte.
Júlia saiu, batendo a porta: ia almoçar com aquele Gabriel.

II

Aquele Gabriel levantou-se acenando, quando a viu entrar no Carlino.

- O que vai ser? - olhou-a interrogativo abrindo o cardápio, após trocarem cumprimentos numa efusão de pastas e livros.
- Para dizer a verdade... - reticente, Júlia examinava o cardápio sem ler.

Ele esperava, com amável simpatia. Tempo. Saco, pensava Júlia perfidamente, espera que eu termine a frase e peça supremo de frango com creme de milho e suco de laranja. Tempo, tempo.

- Enquanto você pensa, vamos beber, disse ele acenando ao garçom.

- Perfeito. É o que eu ia sugerir e não me atrevia - fechava o cardápio, sorria, surpreendia-se Júlia.

- Por quê?

- Hoje em dia somos patrulhados se fumamos, se bebemos, até se fazemos amor sem ca-,

- Trepamos, você quer dizer. Se trepamos sem camisinha, vou te patrulhar os eufemismos.

- Por razões de ordem estética, suponho.

- Ética, eu acho. A honestidade consigo mesmo não está sujeita a modismos, segure seu copo, isso, esse vinho merece que brindemos às musas, tim-tim.

Sempre sorrindo, Júlia cerrou os olhos: não era só uma bela figura de homem, o sujeito tinha senso de humor, um espírito nobre, sem contar a presença de espírito. Júlia sentia-se malditamente em desvantagem: a não ser a recomendação de um escritor amigo - que aliás ele também não conhecia - além do fato dela trabalhar na Fundação e poder ajudá-lo no projeto de pesquisa, sua persona não a precedera. Ele não a conhecia nem de nome, nem de obra, de forma que não podia lançar mão de sua fascinante persona. Ele parecia aceitá-la com uma espécie de celestial placidez. Bastava-lhe ser mulher simplesmente, e ser mulher simplesmente, sem insígnias de poder e na idade de Júlia, não era grande coisa.

- Podemos ser amigos, disse Júlia hipocritamente - mas você ainda não disse o que acha do patrulhamento e tudo o mais.

- Não sei, não conheci o mundo em outras circunstâncias, suponho que antes devia ser diferente, e também suponho que por poucos anos perdi muita coisa, mas não sei, não vivi.

- Confessa que não viveu! exclamou Júlia, que imediatamente percebeu que ele não entendera a alusão a Neruda. - Pois é, - ela acendeu o cigarro

- é isso aí, o buraco no tempo, assim fica difícil a gente se entender, porque não basta saber intelectualmente, você mesmo disse, sua vivência se restringe ao presente.

- Então por que não me ensina? A ver as coisas de modo diferente, quero dizer. - Gabriel hesitou, mordeu os lábios, arriscou: - Atualmente você se arriscaria a transar com alguém tipo "ac", acompanhante anônimo? Aposto que não.

- Não tem clima, não tem mais - disse Júlia com ar ausente - o lance talvez seja atualizar as fantasias, falando nisso devolvo-lhe a pergunta, e você?

- Para quê, se é melhor com a namorada?

- Veja só, então você saca muito bem o patrulhamento, em 70 também tinha mas era diferente. Proibiam-se manifestações de afeto e sentimentalismos idiotas porque eram burgueses. A independência em altíssima, bem como o ativismo literário, sabe, íamos mudar o mundo, mas em 80 veio a Aids, em 90, a guerra do Golfo, caiu o muro de Berlim, o regime soviético e o socialismo real entraram em colapso e o mundo mudou a despeito de nós e para infelicidade geral. Naturalmente tem gente que não acha, a esmagadora maioria, por exemplo, tão preocupada com tua saúde, tua eugenia, tua sanidade, visto não te deixar fumar, beber, trepar com ou sem. Sabe por que se fala tanto em sexo? Sim, você já está adivinhando. Fala-se porque não se pratica.

- Não entendo mulher bonita com problemas existenciais, no duro mesmo - Gabriel fitava-a, preocupado. - Sem contar, mas já contando até porque é inevitável, que esta é a terceira garrafa de vinho. Devia comer alguma coisa.

- Está bem, está bem, Júlia levantava-se, tateava os sapatos sob a mesa, as pastas, a bolsa: aquele Gabriel desmoronava, era um babaca, mas ele a reteve: - Espere. Num instante pagou a conta e voltou: - Te levo para casa.

O automóvel estacionou na porta do prédio.

- Tenho impressão que você me odeia, lascou ele. Meio tonta, sem pensar, Júlia abria a porta, saía do carro:

- Não é você, não odeio você, é outra coisa, malditamente outra coisa. Olhe, desculpe o vexame.

- Bobagem, você não se livra de mim assim tão fácil. Da próxima vez trago minha namorada para te conhecer. Foi divertidíssimo, cuide-se.

Júlia olhou-o duro, meditou um instante, então disse:

- Sabe, se eu fosse homem e tivesse que me virar, meu nome de guerra seria Adriano, Adriano AC (fazia duas homenagens, que nem se dava ao trabalho de dizer porque aquele Gabriel não ia sacar mesmo). - Claro, muito divertido, mal posso esperar para conhecê-la também, adeusinho.

III

Sempre havia Rudi Woolf - que reaparecia em momentos de aguda dor de cotovelo, uma espécie de inimigo íntimo - o ex-namorado dissoluto e meio veado, a quem o celibato também escolhera mas por razões inconfessáveis. Pelo menos, enquanto a mãe estivesse viva e pudesse deserdá-lo.
Nos entendíamos.

Pecar é trair? perguntava-se remotamente Júlia enquanto se despiam, as mãos desvencilhando-se de botões e zíperes: separar as coxas e tomar a primeira estocada, a segunda, a terceira, fechando os olhos, imaginando ser outro a possuí-la, girando de bruços para imaginá-lo melhor, ainda que parcialmente, mas esta possessão por trás é tudo o que não é Gabriel e a ausência do Arcanjo Anunciador é a instância do Traidor, daquele que acaricia e arranha e uiva na treva.

IV

Daí houve aquele intervalo que seria antes a ausência daquele Gabriel que foi se impondo a partir de tanta promiscuidade e dissolução retromencionadas, daquilo que me dissolvia e derretia e revolvia e que era a saudade daquele Gabriel bocó/ingênuo/tolinho que não seria escritor futuramente pois teria oito filhos com aquela namorada que ia me achar divertidíssima, que daqui a dez anos estaria com mais trinta quilos, enquanto eu, poderosa e enxutíssima aos cinquenta e cinco, podia apostar que ele daria adeus à carreira de ex-futuro escritor, arquitetarse-ia, sabe-se lá, quando muito em pós-doutor, desperdiçando-se com filhos, futebol, shopping, macdonald, se tornaria o quê diante da tevê? daqui a vinte, trinta anos, ao fim e ao cabo do pós-capitalismo tardio como seria lembrado postumamente? como pós-consumidor? e assim caminhou a humanidade nesses quinze dias em que ele não deu o ar da graça na Fundação, nem pelo correio eletrônico, porque dia após dia era sobretudo a ausência daquele pós-Gabriel que se amarrava na web.

V

Reapareceu no início do outono sempre na Fundação, pelo correio eletrônico sobrava eventualmente um rabo de conversa, donde o chopinho ao cair da tarde.

– Não entendo este voto de celibato, dizia Gabriel, uma coisa não tem a ver com outra.

– Se fosse veado, entenderia, disse Júlia só de sacanagem.
Ferido nos brios, levou-a a um motel. Possuiu-a quatro, cinco vezes com um ódio que não era ódio, mas tesão reprimido. Porque o sexo é um louva-a-deus, uma luta de vida ou morte, a perseguição implacável do pecado perfeito.

– E isso está muito literário, disse Gabriel assoprando-lhe um fiapo grudado nos cílios: – Venha cá, ainda não te odiei o suficiente, tim-tim.

Então é comemorar e compreender, comemorar e compreender e arder e queimar e murmurar roucamente (porque estava resfriada de tantas curtições) que te amo, te amo, te amo, mas não te amo, não é mesmo? Na cama, enquanto Gabriel armava jogos, fazia planos e o futuro e os projetos etc., eu ouvia – não conseguia pensar – e perdia novamente meu coração traiçoeiro nesse braço de ferro, nesse mano a mano com a vida, vagamente pensando em como dar o fora e se ainda com alguma dignidade. Minha dignidade, no momento, era cor-de-rosa e balançava mansamente no cabide do quarto de motel, porque ventava e a janela estava aberta.

Assim não é possível, assim não é possível, desesperava-se Júlia a propósito dessa paixão que se multiplicava e se estendia inexoravelmente pelos trabalhos e dias e meses de êxtase e agonia.

Uma noite ele apareceu com olheiras fundas, dizendo não ter dormido nada, ter bebido todas, ter chorado potes, ter dito um monte para a namorada e ato contínuo ter rompido com ela. Para sempre. Por você. Para ficar com você.

Júlia ficou em silêncio: se alegasse os motivos de sempre, a idade, o tempo, o insólito celibato, não colaria, ele iria me enrolar até que o tempo realmente se fizesse imperioso, mostrasse sua face horrível e seria a vez dele cair fora sem remorsos sem choro nem vela e azar seu, Júlia, que então decidiu-se. Contou-lhe sobre Rudi Woolf.

VI

Não o viu mais. Passaram-se cinco, seis, oito meses, um dia chegou a participação de casamento de Fulano e Beltrana. Ótimo, pensou Júlia abrindo o correio eletrônico, recebendo a mensagem:

> SOZINHA? ESPLÊNDIDO! É ASSIM QUE EU QUERO VOCÊ.
> PRIMEIRO ENCONTRO & PRELIMINARES SEM COMPROMISSO.
> ADRIANO.COM.

Ora, ora, pensou ela, na web, discurso de biscate e de bandido se confundem, esse aí parece querer certificar-se se estarei só pra me assaltar, mas por que não? Fosse por tédio ou cinismo ou indiferença, clicou ok, pensando que doravante ia ser isso aí, precisava ir treinando, se acostumando. Ainda doía, mas isso era bobagem. Afinal, não tinha muita imaginação (e dor de amor é por conta disso): inclinava-se pelo que podia pegar e pegava o que podia.

Às oito a campainha soou pontualmente.

Júlia abriu a porta: no limiar da noite, do pecado perfeito, sorria-lhe Adriano-Gabriel.

MARIANA TEIXEIRA

Poeta e autora dos livros *Inversos paralelos* (JAC, 2013) e *O que tirei da mala* (Patuá, 2015). Escreve em seu blog Correndo com os dedos <www.correndocomosdedos.blogspot.com.br> e tem textos publicados em diversas antologias. Organiza e participa de eventos literários.

Prioridades

ela ligou
e disse
que hoje
não vem

que bom jeito
de começar o dia, não?

o filho tem febre
ou vômito
ou torceu o pé

sei lá

ela ligou
e disse
que hoje
não vem
que ele
não tem
com quem ficar

logo hoje
que estou cheia
de compromissos

- Alô, aqui é a mãe do Pedro. Hoje ele não vai ao judô. Se sente mal, tadinho.
- Confirma pé e mão às 9h, por favor?

O fim vem embrulhado para presente

o casal
trocou os aparelhos
celulares

2 iPhones novos

um ritual
que se repete
há alguns anos

começo de ano,
celular novo pra cada

ela liga pra mãe
irmã
amiga
nem tão amiga
amigo
flerte
todo santo dia

ele liga pra mãe
irmã
personal
irmão
às vezes pro pai
amiga
amante
todo santo dia

é pra isso
que serve
um par de iPhones novos

pra se desligarem
um do outro
cada vez
mais

Tempero

a comida
congelada
requentada
que o garçom traz
nem se compara
à comida
requentada
em casa

passar o cartão
é o melhor
tempero

RAQUEL NAVEIRA

Nasceu em Campo Grande, Mato Grosso do Sul, em 1957. Formou-se em Direito e em Letras. Mestre em Comunicação e Letras pela Universidade Presbiteriana Mackenzie/SP. Colunista do jornal Correio do Estado (Campo Grande/MS). Pertence à Academia Sul-Mato-Grossense de Letras e ao PEN Clube do Brasil. O seu livro mais recente é *Jardim fechado: uma antologia poética* (Vidráguas, 2015).

Babilônia

Foi numa noite de insônia,
De cortinas cerradas
Perfuradas por estrelas,
Que vi a Babilônia:
Cidade imensa,
De palácios e muralhas,
Jardins e palmeirais,
Luzia um azul betume
Por rios e canais.

Começou a cerimônia:
Na base da escadaria,
Mercadores,
Deportados,
Religiosos,
Militares,
Políticos
Subiam pela torre,
Arrogantes,
Desafiando o céu.

De repente,
Todo o sistema desmorona:
Povos,
Multidões,
Nações e línguas
Em completa desarmonia,
O esplendor tornou-se vício,
O triunfo e a matéria
Desintegraram-se em ruínas.

Que estranha ironia,
Foi numa noite de insônia,
De begônias que explodiam lúcidas
Em minha mente,
Que resolvi fugir
Do meio daquela Babilônia.

Jugo

Estava sob jugo pesado,
Uma canga ao pescoço
Enquanto puxava o arado,
Em vão era o esforço
Para ver a estrela no céu
E o verdugo
Era eu.
Quando, enfim, me libertei da corrente,
Alguém me prendeu
Num jugo ainda mais humilhante
De crime e castigo,
Macerou minhas carnes como um figo
E nas trevas
Vi apenas a sombra de um morcego.
Enxugo a testa,
Agora o jugo é suave,
Há sossego nesse domínio,
O fardo é leve,
Consigo suportar as aflições do mundo
Apoiado num amigo,
A luz do lago é meu abrigo.

Perfumista

Emocionei-me quando ele disse:
"- De todos os perfumes,
  Prefiro o seu".

Eu me perfumei
Em segredo,
Com intensidade,
Para esse momento;
Usei essências florais,
Rosas, jasmins,
Notas de baunilha,
O perfume penetrou na minha pele,
No meu coração,
Fixou-se no fundo,
Deixando no vento
O rastro da recordação.

"- Também amo seu cheiro", eu disse,
De tabaco seco,
Noz-moscada e canela,
De madeiras vindas de distantes ilhas
Para o sonho dessa hora,
Toda azul,
Desse baile de aromas,
No castelo de Versalhes
Ou num jardim
À beira do Nilo.

Nunca houve ciúme,
De todos os perfumes
Espalhados pelos ares,
Trazidos a lume,
Ele prefere o meu.

ROGÉRIO SALGADO

Nasceu em Campos dos Goytacazes/RJ, mas há 37 anos vive em BH. Sua trajetória soma a publicação de 22 livros. Criou a revista Arte Quintal (1980), o Belô Poético - Encontro Nacional de Poesia (2005 a 2014) e o projeto Poesia na Praça Sete.

Verbalizando I

a palavra afiada
navalha
minha
corta quando abro
o verbo

salga
feito sais
sobre a pele

o que sai da minha boca
se necessário
machuca
feito um soco

Recado

Tá legal, baby
a gente não se vê
a gente não se toca
a gente não se fala.
– Nada tão importante assim –
– Mas vê se se toca:
a gente tem mais
é que se olhar
é que se tocar
é que se falar.
Se não for dessa maneira
seremos iguais a todos eles:
tão comuns e sem poesia.

Poesia na Praça Sete

Palavras jorram nas calçadas
desviam-se dos ralos e
escorrem para a história.

Na boca do povo
a comunhão verbal
servida numa ceia
regada a vinho e democracia.

Conceito

Sou o que representa
a febre, a dor
a expressão exata
a corda que desata
todos os nós acorrentados
aos conceitos do que
querem que a poesia seja.

Canto a canção ferida
daquilo que é doído
tenho olhos de vidros partidos
e a imensidão de compor.

Não me estabeleço
amanheço, entardeço, anoiteço
na forma mais concreta.

Inconformismo
(ou Provérbio II)

O destino quis assim:
Mas. eu não quero!

Pivete

Vivo
do cheiro dessa cola.

Ando
na cola desse cheiro.

ROSANA BANHAROLI

Jornalista e poeta. Autora de *Ventos de chuva* (poesia, Scortecci, 2011) e *3h30 ou quase isso* (verso&prosa, e-book, Amazon 2013). Coidealizadora e curadora da Fliparanapiacaba 2014. Trabalha com produção de eventos culturais para a Sancota Eventos.

O capital é manipulador
: muito mais na falta

Fútilútilútilútilútilútilútilútilútil
A
N
T
O
C
H
E
Fatalatalatalatalatalatalatalatal
A
N
T
O
C
H
E

Da sua fome
A pele escondia a dor
Da sua necessidade
A pele revelada
Do lado de fora
A pobreza d'alma
Do lado de dentro

Desigualdade social

claustrofobia pressão
produzir produzir
rapidez rapidez
...
a solução
virou depressão

: produziu o capital
a recessão
a desigualdade

: "o tiro saiu pela culatra"

Narcisos
Consomem
Espelhos
Adornos
Complementos
& todas
As moedas
Para a
Travessia
: acabam na superfície

No prato do dia
Sugiro
Amor & Poesia
Armas
Negras e Indígenas
Que trago
Muita cor da natureza
É muita fé
Na transformação
Ah! Sem elas
Sem revolução
Já passa da hora
Deste mormaço
Nesta pátria "gentil"

O progresso está
Na consciência
Deste todo
Que nos forma
&
A ordem está
Na desordem
Deste todo
Que nos fere
No prato do dia
Sugiro
Amor & Poesia

ROSANA PICCOLO

Publicitária e poeta paulistana. Autora dos livros *Ruelas profanas* (Nankin, 1999), *Meio-fio* (Iluminuras, 2003), *Sopro de vitrines* (Alameda, 2010), *Refrão da fuligem* (Patuá, 2013), *Bocas de lobo* (Patuá, 2015), além da plaquete *O pão* (Lumme, 2017). Participação em diversas antologias e revistas de literatura no Brasil, Portugal, Espanha e Moçambique.

O shopping e o rei*

Não há nada
melhor do que o shopping
por isso és
um dos sessenta
abaixo
dos seis que rodeiam o rei
Quem não reluz
nas lojas do shopping?
seiscentos abaixo de ti
a qualquer hora
todos os dias
todos trabalham no reino do rei
do subsolo ao último piso
todos engordam o rei
Ah, as mulheres do shopping!
Das botas Arezzo
às rasteirinhas em couro legítimo
pisam em ovos diante do rei
usam óculos Prada
todos voltados ao rei
aos gestos
à voz
aos olhos do rei
Nada mais seguro
do que fazer compras no shopping.
Seguranças armados
em todos os pisos
porém és tu
e outros como tu
quem assegura ao rei o poder
Nas glamorosas vitrines do shopping
tudo em 6x sem juros
és tu
e outros como tu
quem alimenta do rei o poder
no cartão de crédito
ele sabe disso
então da pilhagem

há de te dar uma ínfima parte
Nada como
levar a família ao shopping
desde que sejas cúmplice do rei
crianças voam como raio
nas lojas de brinquedo
para as maiores, smartphones
desde que sejas capacho do rei
em rosa-choque quando princesas
porque no shopping também se vendem diademas
sem nada ter
nem mesmo a ti mesmo
Nada melhor
do que morar próximo ao shopping
não para o rei, esta semana em Paris
em uma rua cujo nome não sei
a seis mil milhas de ti

*Poema baseado na obra *Discurso da Servidão Voluntária,* de Étienne de La Boétie.

Vacas

Entre a fila burguesa e o revérbero de sangue, lúcida curva do vidro do açougue do supermercado. Dedo guloso. Alça de carrinho. Compras. Arfantes. Compras. Ziguezagueantes. Dieta miúda, remorso acanhado escondido sob: três quilos de patinho bem magrinho moído. Agora mói outra vez. Agora você divide e embrulha em seis pacotinhos iguais.

Entre a massa almofadada da carne a zero grau e a fila vampira (vielas venosas no canto do olhar), o vidro corta a lágrima do gelo. Claro que a luz foi feita com flúor, igual à lua - em cilindros, resta-lhe contemplar.

Declínio

Estaturas elevadas derivam dos ombros espelhados do edifício - não veem a hora de mostrar a habilidade na caça do vassalo e lucro garantido. Avançam em falácias e colarinhos. Flautas, ladrões, bancários, agitadores, lhamas, livreiros passeiam aos seus olhos como cardápio aveludado. Inglês e espanhol fluente. Mau presságio na face. Na concha do cálculo - ianques, chefetes, caifases, marqueteiros - pisam arquipélagos e continentes e esta avenida às cinco da tarde. Suas sombras andam de quatro. E batem no peito. E estendem a mão, pedindo banana ou amendoim.

RUBENS JARDIM

Jornalista e poeta. Publicou poemas em diversas antologias no Brasil, na Itália, no Uruguai e na Espanha. É autor de três livros de poemas. Promoveu e organizou o Ano Jorge de Lima (1973) e publicou *Jorge, 80 anos*. Integrou o movimento Catequese Poética (1964). Participou da I Bienal Internacional de Poesia de Brasília (2008). Faz leitura pública de poemas no Sarau da Paulista, que coordena, na Avenida Paulista, e é organizador de *As mulheres poetas na literatura brasileira,* antologia em três volumes dedicada à produção poética de mulheres no Brasil. Blog: <www.rubensjardim.com>.

Revelação

Prefiro a palavra que inaugura
um espaço novo na mente
do leitor. Aquela que o arranca
do torpor e o faz embarcar no trem,
na carroça, no ônibus ou avião.
A palavra que o arranca do chão
ou da poltrona. No poema a palavra
é travessia. Por isso, venha comigo
Vamos descarrilhar esse trem

Quase uma lamentação

Desta vez você não escapa
Nem pela porta da palavra
Nem pelo alfabeto represado
E não adianta revolver a terra
Nem abandonar o prato feito
As águas e os sôbolos rios
Já passaram por Babilônia
E os poemas que ficaram
Enterrados em mim
Não são os mesmos que
Ficaram enterrados em ti.
E não adianta perguntar
Se aqui é Babilônia, Sião
Ou qualquer outro lugar.
Vejo-me diante de fevereiro
O mais curto dos meses
Desconcertado de ventura.
Minha pena não é o desterro
Mas o discreto esquecimento
Dos caminhos percorridos.
A impermanência de tudo
Mostra que a vida é um jogo
De azar.
E minha alma é pequena,
Tão pequena

Que não cabem nela
Nem a Vila Itambé
Nem a minha mãe desfigurada
E nunca vai caber o mundo,
O vasto mundo
Essa imundície capetalista!

A vida não é isso

A vida não é um quadro negro que se apaga
na sala de aula
A vida não é apenas essa pulsação rítmica
reencontrada no corpo
A vida é mais que a estrela cadente que
encharcou meus olhos
A vida é mais que o prazer episódico
A vida é mais que o prazer
A vida é mais
Se todos nós estivéssemos de mãos dadas.

Na sala de jantar

Sentado nesta sala de jantar celebro
minha solidão e convoco os mortos
encharcados na lama inicial. Sinto
falta até do cheiro das sobremesas

servidas em pratos esmaltados.
Ainda assim o tempo me alimenta
com as fatias de um relógio
sem ponteiros. Nunca imaginei

levar meu corpo a tantas despedidas.
Mas a caminhada prossegue. Longe
os sapatos esperam. Os vermes

esperam. Te esperam também
os amados sitiados do outro lado
da mesa: a refeição está pronta.

Sozinho

Não somos animais de luxo
Nem vivemos em um parque temático
A vida é uma criação social
E meu bando tá desaparecendo
Diminuindo
Minguando
Mas eu continuo

gritando

sozinho em Woodstock!

RUBENS ZÁRATE

De Santo André/SP. Publicou os livretos *Pedra* (1978), *Barra* (1978), *Medium coeli, campus stellae* (1980), *Lolita em prado de bode* (2016) e *A parte do diabo ou la rouge différence* (2017). Desenvolveu projetos nas áreas de história, etnografia, cinema, literatura e publicações, entre eles a revista Laboratório de Poéticas (2005-2010). Participou da *Antología de poesía brasileña* (Espanha, 2007), *Vinagre: uma antologia de poetas neobarracos* (2013) e outras. Poemas e traduções no Brasil e exterior. Historiador e antropólogo, trabalha como produtor cultural.

Crossroads voodoo

Gramíneas com tons de verde, azul e vermelho igualmente improváveis crescem na tela luminosa e balançam com a leve brisa. São movidas pela vontade de poder dos seres vivos: a vontade de viver, sem nenhuma outra finalidade além da autopreservação.

F. Gaillard

Chega o tempo do mais desprezível dos homens, aquele que já não pode desprezar a si mesmo.

F. Nietzsche

:: uma flor rachando a calçada vale mais que todos os teus veraneios na flórida ::

:: uma flor amarela invadindo a calçada vale mais que teu revólver ao lado de uma bíblia ::

:: uma flor vagabunda rachando as esquinas vale mais que tua moral de american magazine ::

:: uma ramada amarela de flores rachando as paredes vale mais que tua aspirina (relieving pain & reducing fever) ::

"In the 1990s, aspirin became a hot drug."

:: uma ramada de flores roxas vale mais que tua pressão sanguínea que pode estar elevada demais ::

"Your blood pressure may need to drop even lower."

:: uma ramada roxa de flores de alfazema vale mais que tua cautela com a questão iraniana ::

"Caution with incendiary rhetoric about carpet bombing
& ripping up
the Iran deal."

:: uma ramada roxa de flores de lavanda vale mais que todos os teus comentários de facebook ::

:: uma ramada amarela de flores arrebentando as esquinas vale mais que teu medo de uma nova infecção planetária ::

"The virus Zika first discovered in Uganda in 1947 were confined to the equatorial belt in Africa & Asia but at some recent point an infected traveler brought the virus to Latin America where it has exploded spreading to more than 20 countries and likely infecting hundreds of thousands of people."

:: uma ramada verde rachando as paredes vale mais que todas as tuas ciências da informação ::

:: uma ramada verde rachando as paredes vale mais que todas as tuas cretinas tralhas eletrônicas ::

:: uma ramada verde rachando as paredes vale mais que teus *thinks-tanks* de extrema direita travestida de direita liberal ::

"At least two people were shot and killed across the U.S. on Black Friday as they hunted for shopping deals."

:: uma ramada de heras tomando a calçada vale mais que tuas ofertas de black friday ::

:: uma invasão de líquens & fungos arrebentando a rua vale mais que todos os teus lazeres em 3ª dimensão (gotejando sangue lento inebriante numa lírica paisagem de florestas tóxicas, máquinas em ruínas, estações de energia elétrica abandonadas) ::

:: uma poção de *arthemisia vulgaris* vale mais que teu sky is falling ::

:: uma poção venenosa de *arthemisia vulgaris* vale mais que teus jardins desidratados ::

:: uma poção de *arthemisia vulgaris* (a erva das visionárias) vale mais que tuas barbies (barbie is more than just a doll)

"She's been the global symbol of a certain kind of American beauty for generations. She was designed to teach women what is expected of them in society. The brand does $1 billion in sales across more than 150 countries annually & 92% of American girls ages 3 to 12 have owned a Barbie, thanks in part to her afordable $10 price tag."

:: uma linda planta carnívora devorando uma mosca vale mais que tuas flores de laboratório ::

:: um maço de erva-moura vale mais que tua doutrina neoliberal ::

:: um livro de são cipriano capa de aço com a oração da cabra preta milagrosa vale mais que todos os teus noticiários comprados ::

"Dictionary.com's 2016 word of the year is XENOPHOBIA. Dictionary.com is the second major outlet to make their 2016 selection, following Oxford's choice to anoint POST-TRUTH."

:: um ramo de flores brancas deixado sobre um ebó vale mais que teus cartões de crédito ::

:: um ramo de flores vermelhas sobre um ponto riscado de exu vale mais que teus programinhas de TV sobre o projeto genoma, as neurociências & o bóson de higgs ::

:: uma ramada de flores deixada no altar da RAINHA MARIE LAVEAU — the greatest Voodoo Priestess in New Orleans Vodoo — onde reaparecem os LOA do dahomé, da nigéria, do senegal, das tribos que incorporaram a ADORAÇÃO DA SERPENTE a seus ritos — vale mais, muito mais que todos os teus sonhos de veraneio na flórida ::

:: um ramo sangrento de flores sobre um ponto riscado de exu vale mais que todos os teus all rights reserved ::

:: um ramo de flores vermelhas sobre um ebó para exu vale mais que todas as tuas endless business meetings at TIME ::

SILVANA GUIMARÃES

De Belo Horizonte/MG. Socióloga, redatora/revisora publicitária. Participou de algumas coletâneas, entre elas, duas que organizou: *29 de abril: o verso da violência* (Patuá, 2015), *Dedo de moça – Uma antologia das Escritoras Suicidas* (Terracota, 2009) e *Hiperconexões – realidade expandida* Volume 2 (Organização de Luiz Bras, Patuá, 2014). Editora da Germina - Revista de Literatura & Arte <www.germinaliteratura.com.br> e do site Escritoras Suicidas <www.escritorassuicidas.com.br>. sil.guimaraes@gmail.com

savassi, beagá

a miséria nas calçadas
ofusca o brilho do cartão-postal

o senhor de cabeça branca
estende o chapéu e suplica uma moeda

ela nega: tem pressa & preguiça
deus lhe abençoe, minha filha - ele diz

ela sente o coração descompassar
apressa o passo e sai mancando

as meninas

esraa tem 13 anos e sobrevive em al zatari
- campo de refugiados sírios na jordânia -
com sua família, a roupa do corpo e a burca.
graças a deus, um empresário saudita, 60 anos,
quer casar-se com ela, salvar seus parentes,
sua vida, matar a sua fome: mudar a sua fome.

zaila tem 16 anos e é estudante em joanesburgo.
em um dos seus cadernos, ela marca com tracinhos
o número de vezes que foi estuprada desde os 12.
graças a deus, um abaixo-assinado na avaaz
pede o fim dessa prática na áfrica do sul e ela
não vê a hora de rasgar aquelas 17 páginas.

dayanne tem 11 anos e vive no norte da bahia
com os avós, numa terra sem flor, pai & mãe.
ganha a vida, balas e chocolates na br-116.
graças a deus, uma atriz está pedindo na tevê
que apadrinhem crianças como ela e mudem o mundo.
assim, suas primas não ligarão as trompas antes dos 15.

nina head, idade não revelada, a cadelinha chiuaua
da socialite monique cavalcanti + 10 sobrenomes,

vive numa cobertura de 1.000 m^2 em são paulo.
tem perfil e 1 kb de seguidores nas redes sociais,
onde exibe suas roupas, joias, acessórios e móveis
assinados por fashion designers: graças a deus.

deus é bom, justo, leal & misericordioso.
os homens, à sua semelhança, também.

ophelia

[por mariana/mg]

plantas flores pasto poste pássaros
peixes árvore poste montanha vacas
poste grama prado árvore escarpas
barro barro barro barro barro bosta

estrelas palmeira lua pedra poste
telhados sol borbulho lanterna
rocha poste redemunho garrafa
poste sandália boneca moeda

sob a alma a lama sob a lama a alma
o nome na lista dos desaparecidos
enquanto o corpo lacerado respira
enquanto o coração exposto insiste

plantas flores pasto poste pássaros
peixes árvore poste montanha vacas
barro barro barro barro barro bosta
e a sede a sede a sede a sede de

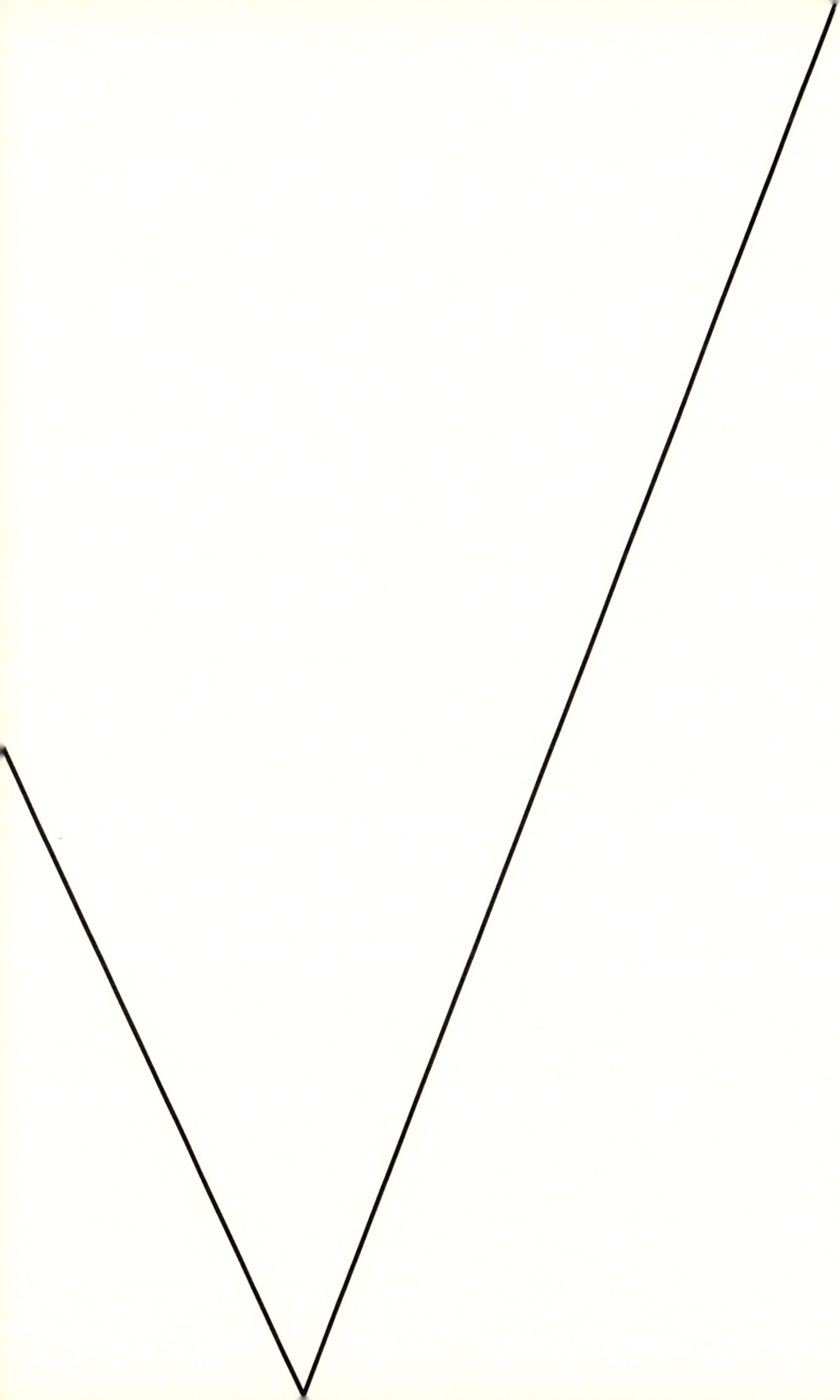

VLADO LIMA

Compositor, poeta e agitador cultural. É autor dos livros *Como suportar jabs no baço e encarar nocautes* (Patuá, 2015) e *Pop para-choque* (Patuá, 2012). Produz o Sarau Sopa de Letrinhas e o Clube Caiubi de Compositores.

Calvário 1: fortaleza da solidão

moro num bunker de manacá antirradiação
uma casamata de acrílico
tijolo baiano
kryptonita X
cimento
arame farpado
e papelão

tenho 1 fusca
1 violão
5 LPs do Rei
e 1 FUI À APARECIDA E LEMBREI-ME DE VOCÊ

lugar agradável
luz água asfalto telefone
portão de aço inoxidável
2 pitbulls viciados em bagos de carteiro
4 gárgulas da Transilvânia
e 1 regimento de crocodilos banguelas (só pra assustar)

moro num bunker de manacá

Lar Doce Lar!

Quase um dia de fúria

Bradesco
15 horas e 19 minutos
243 metros de carne humana suada numa quinta-feira santa
uma récua de caixas em marcha lenta
e um olho de peixe temperamental

PRÓXIMOOO!
tô só o pó
no bagaço
osso só
tô no talo da rabiola

tô na tanga atolada
no vácuo do corvo
entre o infarto
e o *never more*
tô no limite
tô na pressão
atarantado
atarantino
além do alerta laranja
tô no vermelho
tô azul azedo
tô na regressiva
3
2
1

PRÓXIMOOO!
penso na barriguinha cheia da minha velha Luger

PRÓXIMOOO!
hoje eu poderia invadir uma escola primária do Kentucky
e fuzilar meia dúzia de pequenos republicanos

PRÓXIMOOO!
hoje eu poderia jogar um 747 contra a Esplanada dos Ministérios
dinamitar o Louvre
ou explodir a embaixada argentina na Moldávia

PRÓXIMOOO!
hoje eu poderia correr o Serengeti fantasiado de gnu
gritar Palmeiras no meio da Fiel
ou dar um tiro no cu de um folgado qualquer

PRÓXIMOOO!
hoje eu seria Gaetano Bresci
Carlos Ramires
Chico Picadinho
hoje eu seria William Foster

(...)

Bradesco
16 horas e 30 minutos
plano de saúde? em dia
tv a cabo? em dia
27ª prestação do carro? em dia
aluguel? em dia
escola das crianças? em dia
não matei ninguém
não soquei ninguém
não empalei ninguém
não detonei nada
e o segurança simpático próximo à porta giratória assobia um samba do Zeca

PRÓXIMOOO!
vou botar meu coração cuzão em banho-maria
e levar meus leviatãs pra queimar as varizes no litoral

PRÓXIMOOO!
eu seria um Charles Bronson se não fossem os feriados prolongados

Educação vem de berço

uma família de canibais
classe média alta
jantando no D.O.M
: Filho – censura a matriarca –
quantas vezes eu tenho que dizer
que orelha de garçom
não se come com catchup!

www.laranjaoriginal.com.br

Edição
Germana Zanettini
Projeto gráfico
Iris Gonçalves
Produção Executiva
Gabriel Mayor

Dados Internacionais de Catalogação na Publicação (CIP)
(Câmara Brasileira do Livro, SP, Brasil)

Mediocridade: antologia poética / organização Rosana Piccolo, Rubens Jardim. – São Paulo : Laranja Original, 2019.

Vários autores.

1. Poesia - Coletâneas - Literatura brasileira
I. Piccolo, Rosana. II. Jardim, Rubens.

19-24566 CDD-869.108

ISBN 978-85-92875-49-7

Índices para catálogo sistemático:
1. Poesia : Coletâneas : Literatura brasileira
869.108

Iolanda Rodrigues Biode - CRB-8/10014

Fonte: Book Antiqua
Papel: Pólen Bold 90 g/m²
Impressão: Forma Certa